Mann | Bekenntnisse des Hochstaplers Felix Krull

Lektüreschlüssel XL

für Schülerinnen und Schüler

Dieses Buch wurde klimaneutral gedruckt.

Alle CO_2-Emissionen, die beim Druckprozess unvermeidbar entstanden sind, haben wir durch ein Klimaschutzprojekt ausgeglichen.

Nähere Informationen finden Sie hier:

Thomas Mann

Bekenntnisse des Hochstaplers Felix Krull

Von Volker Ladenthin und Mario Leis

Reclam

Dieser Lektüreschlüssel bezieht sich auf folgende Textausgabe:
Thomas Mann: *Bekenntnisse des Hochstaplers Felix Krull. Der Memoiren erster Teil*. Frankfurt a. M.: Fischer, [55]2021.

Lektüreschlüssel XL | Nr. 15537
2023 Philipp Reclam jun. Verlag GmbH,
Siemensstraße 32, 71254 Ditzingen
Druck und Bindung: EsserDruck Solutions GmbH,
Untere Sonnenstraße 5, 84030 Ergolding
Printed in Germany 2023
RECLAM ist eine eingetragene Marke
der Philipp Reclam jun. GmbH & Co. KG, Stuttgart
ISBN 978-3-15-015537-0

Auch als E-Book erhältlich

www.reclam.de

Inhalt

Schnelleinstieg

Autor	Thomas Mann (1875–1955), Schriftsteller und Nobelpreisträger (1929) für Literatur
Erstveröffentlichung	1922
Gattung	parodistische Memoirenliteratur, die dem Schelmenroman (Grimmelshausen) nahesteht
Werkaufbau	Das Werk besteht aus drei Büchern und insgesamt 29 Kapiteln. Der Roman ist ein Fragment geblieben.
Ort und Zeit der Handlung	• Zeitraum: Mitte der 1870er Jahre bis Mitte der 1910er Jahre • Orte: Krull wächst im Rheingau auf, Aufenthalte in Frankfurt, Paris, Lissabon (erste Station seiner Weltreise).

Am 2. September 2021 wurde die dritte Verfilmung von *Die Bekenntnisse des Hochstaplers Felix Krull* auf den deutschen Kinoleinwänden gezeigt. Das Autorenteam von *Steingarts Morning Briefing* diskutierte einen Tag vor dem Kinostart die Aktualität des Romans und bringt dabei den Lebenswandel des Protagonisten zugleich auf den Punkt: »Die Aussichtslosigkeit eines in Liebesnot geratenen Marquis nutzt er aus und schlüpft in dessen Rolle, um sich in die feineren Kreise hochzumogeln. Das Spiel mit der doppelten Persönlichkeit, der Drang nach sozialem Aufstieg und der selbst verursachten Not, sich der Außenwelt fortan als Genie präsentieren zu müssen,

Abb. 1: Filmplakat: Bekenntnisse des Hochstaplers Felix Krull (2021). – © 2021 Marco Nagel / Bavaria Filmproduktion GmbH / Warner Bros. Entertainment GmbH

haben fast 70 Jahre nach Veröffentlichung des Buches nichts von ihrer Aktualität verloren: Felix Krull verdankt seinen hochstaplerischen Erfolg nicht nur seinem Charme, sondern auch einer Gesellschaft, die geblendet werden will, die den Schein vor das Sein stellt.«

Doch zu welchem Preis? In Zeiten von Social Media erstellen viele Menschen eine digitale Version von sich im Internet. Doch wozu? Sie wollen der Welt gefallen. Clicks und Likes sind die digitale Währung für soziale Anerkennung geworden. *Liebe die Welt und sie wird dich lieben.* – dieses Motto nimmt sich der junge Hochstapler Felix Krull zu Herzen. Er will von der Welt geliebt werden und versucht daher, allen Mitmenschen zu gefallen.

Auch Influencer sind letztlich Schauspieler, die eine Rolle in einer medialen Scheinwelt spielen. Auch gewöhnliche Instagram-Nutzer posten meistens nur die Fotos, von denen sie sich ›Likes‹ und ›Followers‹ erhoffen. Sie bauen Kulissen auf, studieren Posen ein und knipsen, bis das perfekte Foto sitzt. Aber ist das noch ›real‹? Oder ist das bereits ›fake‹?

Auch Krull ist ein ›Fake‹ sondergleichen, der das Medium Instagram wahrscheinlich gut zu nutzen wüsste. In der Onlinewelt kooperieren verschiedene Unternehmen mit den Influencern, um ihre Produkte zu verkaufen. Im Roman kooperiert der Marquis Louis de Venosta mit Krull, um nicht auf die geplante Weltreise zu müssen und um sein Liebesglück in Paris genießen zu können. Influencer nehmen eine Rolle an und vermarkten Produkte der Kooperationspartner. Das bringt ihnen in der Regel mehr Geld und mehr Reichweite. Krull nimmt ebenfalls eine Rolle an, gibt sich als Marquis aus und begibt sich auf Weltreise. Für ihn bedeutet das, fortan in besseren Kreisen verkehren zu können. Und die Rechnung geht auf. Nicht zuletzt, weil er für sich bereits erkannt hatte, tatsächlich etwas Besseres zu sein: »Jedenfalls konnte mir nicht verborgen bleiben, daß ich aus edlerem Stoffe gebildet oder, wie man zu sagen pflegt, aus feinerem Holz geschnitzt war als meinesgleichen, und ich fürchte dabei durchaus nicht den Vorwurf der Selbstgefälligkeit.« (S. 15)

2. Inhaltsangabe

1. Buch: Kindheit und Jugend

I,1: Absichtserklärungen des Erzählers – Herkunft: Der Erzähler, ein Hochstapler namens Felix Krull, erläutert seine Absicht, in momentaner Zurückgezogenheit »in kleinen Etappen« (S. 7) aus seinem Leben zu berichten. Diesem Vorhaben fühle er sich trotz mangelnder »Vorbildung und Schule« allemal »gewachsen« (S. 7), da er nur von seinen »eigensten und unmittelbarsten Erfahrungen« berichten werde. Hierzu aber bedürfe es lediglich »natürliche[r] Begabung und eine[r] gute[n] Kinderstube« (S. 7). Von dieser berichtet der Erzähler zuerst; von seiner Herkunft aus dem Rheingau, seinem Vater Engelbert, der eine Schaumwein-Kellerei betrieb, und von seinem geschmacklos-kitschig eingerichteten Elternhaus – und einem Spielwerk, das die Melodie »Freut euch des Lebens« (S. 11) intonierte: Mit diesem Liedmotiv ist eines von Krulls Zielen vorgegeben.

I,2 Geburt – Kindheit: Nach einer zögerlichen Geburt, die nicht ohne »künstliche Nachhilfe« (S. 11) des Hausarztes Dr. Mecum erfolgte, erwies sich der kleine Felix Krull als einfach zu betreuendes »Sonntagskind« (S. 13), da er viel geschlafen habe, worauf sich eine kleine Erörterung über den Schlaf als Pendant zum »Lebens- und Liebesdrange« (S. 12) ergibt. Ganz in Analogie zu seinem Vornamen sei *Felix* (lat. ›der Glückliche‹) als ein »Vorzugskind des Himmels« auf die Erde gekommen, was sich auch in seiner »körperlichen Feinheit« (S. 13) zeige: Er habe seinem Namen eine »geheimnisvolle Bedeutung beigemessen« (S. 13). Die Rollenspiele als Kaiser oder Prinz Karl hätten die Erwachsenen belustigt; er aber habe sie ebenso ernst gespielt, wie er auch versucht habe, körperliche Reaktionen willentlich zu beeinflussen. Krull berichtet von diversen Gedankenspielen, in denen er sich als etwas Besonderes verstanden habe, als eine Art Auserwählter.

1,3 Das gesellige Elternhaus – die erste Hochstapelei als musikalisches Wunderkind: Krull berichtet, dass sein Vater Engelbert lebensfroh und genusssüchtig gewesen sei, gerne aß und dem weiblichen Personal erfolgreich nachstellte; ähnliche Schwächen zeigen übrigens auch die füllige Mutter und seine Schwester Olympia. Das Haus Krull sei sozial wenig angesehen gewesen, was auch an den ausschweifenden Festen gelegen haben könne, von denen Krull einen typischen Ablauf schildert. Beendet wird das Kapitel mit einer kleinen Episode von einem Kuraufenthalt in Bad Langenschwalbach, wo Felix mit einer präparierten Geige ein Konzert als musikalisches Wunderkind vortäuscht und dafür überschwänglich belohnt wird.

1,4 Der Pate Schimmelpreester: Mit zur Hausgemeinschaft gehörte der Pate Felix Schimmelpreester, ein Maler, dessen Anschauungen über die »Natur des Künstlers« (S. 25) als betrügerischen Menschen das Denken und Handeln Krulls bestimmen werden. Felix dient ihm als Modell für zahllose seiner Historienmalereien, wobei sich herausstellt, dass er in allen Kostümen und Epochen so glaubwürdig aussah, als sei er »für diesen Aufzug recht eigentlich bestimmt und geboren« (S. 26).

1,5 Operettenbesuch – Wesen der Kunst: Als entscheidenden Jugendeindruck bewertet Krull seinen ersten Theaterbesuch. Auf der Bühne war ein gefeierter Operettensänger zu bewundern, für die Zuschauer ein »Ideal ihres Herzens« (S. 36). Beim Besuch in der Künstlergarderobe indes erfährt Krull den Sänger Müller-Rosé entzaubert als einen »Anblick von unvergeßlicher Widerlichkeit« (S. 33). In einer Reflexion über den Theaterbesuch deutet er diese ambivalente Erfahrung als das Wesen von Kunst.

1,6 Schulschwänzen: Krull entfaltet seine Abneigung gegen die »feindselige« (S. 37) Institution der Schule. Um ihr fernbleiben zu können, fälscht er Unterschriften seines Vaters oder simuliert Erkrankungen. Diese Täuschungen werden zwar durchschaut, aber nicht geahndet – auch nicht von dem korrumpierten Sanitätsrat Düring, der sachfremde Diagnosen stellte. Durchzogen ist das Kapitel von Reflexionen über die »höhere Wahrheit« (S. 39) von Täuschungen.

1,7 Diebstahl und Sprachreflexion: Krull erkundet einen Delikatessladen, in dem er unbeobachtet Süßigkeiten stiehlt, weil diese ihm als »Gunstkind […] von bevorzugtem Fleisch und Blut« (S. 50) durchaus zukämen. In der inzwischen üblichen »Abschweifung ins rein Betrachtende« (S. 50) geht es anlässlich des Wortes »Diebstahl« um das Verhältnis von Wort und Tat, Sprache und Wirklichkeit.

I,8 Sexuelle Erlebnisse in der Jugend: Um seiner »Begabung zur Liebeslust« (S. 53) zu entsprechen, beginnt Felix schon als Jugendlicher eine Beziehung zu dem im Hause lebenden Zimmermädchen Genovefa. In der Beschreibung und Analyse der wechselseitigen »Zufriedenstellung« (S. 54) bekennt er, dass seine erotischen Gelüste trotz aller Ausschweifungen eher »ernst« (S. 55) und distanziert waren.

I,9 Hochzeit der Schwester – Konkurs der väterlichen Firma – Freitod des Vaters: Die Verlobung der Schwester Olympia Krull mit dem Secondeleutnant Übel steht ins Haus, wobei die Hochzeit dann aber doch nicht stattfindet. Unterdessen gerät die Schaumweinfirma der Krulls in Konkurs, der zur Auflösung der Firma und Pfändung des Hausstandes führt. Nachdem alle Versuche von Vater Engelbert Krull nicht fruchten, neue, angemessene Geldquellen aufzutun, erschießt er sich.

2. Buch: Frankfurt, Paris

II,1 Vorbemerkung: Krull äußert Bedenken, ob seine Geschichte mit »Kriminalromanen und Detektivgeschichten« (S. 63) in Wettstreit um die Gunst des Lesers treten könne. Zwar habe er die Bekenntnisse zu seiner »eigenen Unterhaltung und Beschäftigung« geschrieben, aber »insgeheim« der »lesenden Welt« doch einige »Rücksicht« (S. 63) zugewandt, da die Ge-

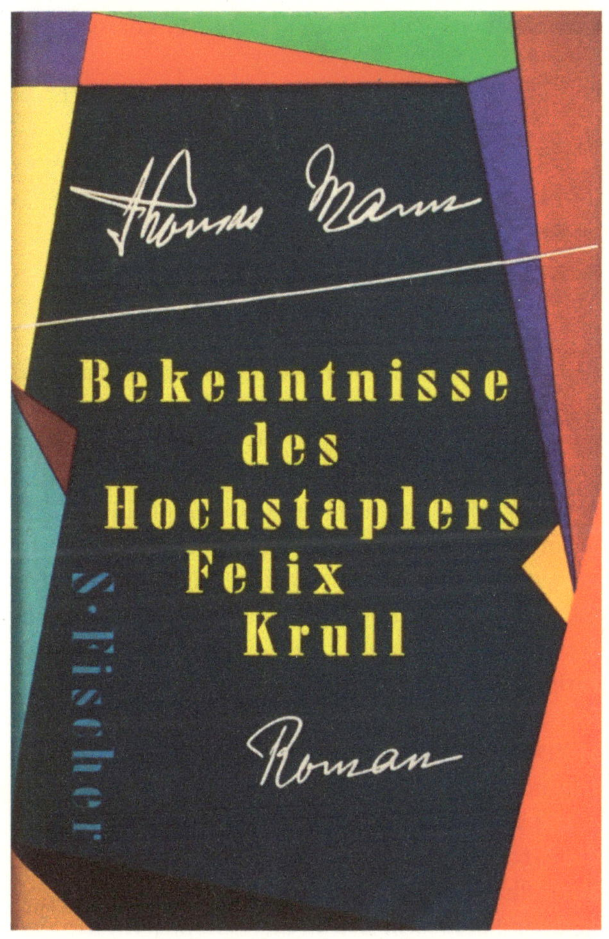

Abb. 2: Erstausgabe des Romans 1954. – © S. Fischer Verlag 1954

schichte auch für eine »öffentliche Leserschaft« (S. 64) bereichernd wäre.

II,2 Beerdigung des Vaters – über die katholische Kirche: Krulls Neubeginn im Erzählen knüpft an bei dem Suizid seines Vaters und beschreibt, wie es ihm als Sohn gelingt, einen katholischen Geistlichen zu bewegen, eine entsprechende Trauerzeremonie zu gestalten. Diese jedoch fällt recht jämmerlich aus, und Krull erfährt nunmehr Ausgrenzung und Armut. Das »glückliche[] Nachsinnen« (S. 71) behandelt diesmal die Frage nach dem Verhältnis von Körper und Geist, speziell, ob das »Natürliche [als] eine Auswirkung des Moralischen« (S. 71) zu verstehen sei.

II,3 Die weiteren Pläne: Bei einem Familienrat in der inzwischen leer geräumten Villa empfiehlt der Pate Schimmelpreester der Mutter, in Frankfurt eine Privatpension zu eröffnen. Die Tochter Olympia solle eine Karriere als Diseuse (Kabarett-Künstlerin) der leichten Muse versuchen. Für Felix ist eine Stelle in einem Pariser Hotel vorgesehen, die er allerdings nicht sofort antreten kann, da noch die Musterung für den Militärdienst abzuwarten sei. Die Vorschläge werden angenommen; die Familie löst den Hausstand auf.

II,4 Die Pension der Mutter – Streifzüge durch die Großstadt: Die Pension der Mutter beherbergt zweifelhafte Gestalten. Krull streift durch die Großstadt und berauscht sich an den Schönheiten der Warenwelt. Eine Szene zweier Geschwister, die auf einem Balkon stehen, führt zu Überlegungen über die Schönheit beiderlei Geschlechtes und der Verdoppelung. Krull schnorrt Geld durch kleine Dienstleistungen vor dem Theater. Eine Reflexion über das »matte [...] Mittel« der Sprache, die der Natur »wesensfremd« (S. 89) sei, wird angestellt; Krull gehe es, obwohl er doch schreibe, um den »wortlosen Urzustand« (S. 90).

II,5 Musterung: Um einer drohenden Einberufung zum Militär zu entgehen, plant Krull, bei der Musterung eine Krankheit (Epilepsie) vorzutäuschen. Er bereitet sich mit einschlägiger Fachliteratur gründlich auf die Musterung vor. Sein Trick besteht darin, sich der Musterungskommission als besonders tauglich anzuempfehlen, um durch diese Übertreibung genau das Gegenteil zu bewirken. Sein Plan ist erfolgreich: Er wird als untauglich ausgemustert.

II,6 Prostitution und Zuhälterei: Da Krull die Stelle in Paris noch nicht antreten kann, beobachtet er, auf sich »selbst gestellt«, weiter das »Getriebe der Großstadt« (S. 113) in Frankfurt, speziell den Bereich hetero- und homosexueller Prostitution. Anfangs völlig mittellos, bietet sich ihm nach einer zufälligen Bar-Bekanntschaft die Möglichkeit, als Zuhälter einen Teil seines Lebensunterhalts zu bestreiten. In einem Kaffeehaus lernt er die Hure Rozsa kennen, beide gehen eine Beziehung ein, nicht nur eine sexuelle – Felix wird ihr Zuhälter. Obendrein ist sie seine Lehrmeisterin und macht aus ihm einen hervorragenden Bettgesellen.

II,7 Reise nach Paris – Schmuckdiebstahl – Begegnung mit Stanko: Krull begibt sich auf die Fahrt nach Paris, um dort eine Stelle im Hotel *Saint James* *and Albany* anzutreten. Bei der Grenzkontrolle nach Frankreich entwendet er das Schmuckkästchen einer Frau, die sich später als Madame Houpflé erweisen wird. Nach einem ersten Gang durch das »betäubend[e]« »Getöse« und »sinnverwirrend[e] […] Licht« (S. 132) der Großstadt Paris erreicht er das Hotel. Krull wird ärmlich in einem Acht-Bett-Zimmer untergebracht. Er richtet sich ein, prüft den Wert seines Schmuckdiebstahls und wird dabei von einem Zimmergenossen namens Stanko beobachtet. Der erpresst ihn ob des Diebstahls, hilft ihm aber zugleich, einen Hehler für das Diebesgut zu finden. In diesem Kapitel beschäftigen sich die üblichen »Abschweifung[en] eines zur Weltbemerkung nun einmal aufgelegten Kopfes« (S. 139) mit dem Charakter öffentlicher Dienstleistungen, dem Gesicht der Armut und mit der Sprache.

II,8 Einstellung als Liftboy – Schmuckverkauf: Am nächsten Morgen wird Krull, nach demütigender Toilette und kargem Frühstück, zu Generaldirektor Stürzli gerufen, der ihn nach einem prüfenden Vor*stellungsgespräch als Liftboy einstellt. Am freien* Nachmittag sucht Krull einen Hehler auf, und verkauft ihm den gestohlenen Schmuck zu einem guten Preis. Krull teilt den Erlös etwas unredlich mit Stanko.

II,9 Liebesnacht mit Madame Houpflé: Krull begegnet Madame Diane Houpflé, der er an der deutsch-französischen Grenze den Schmuck gestohlen hatte. Sie lädt ihn zu einer Liebesnacht ein, bei der Krull seinen Diebstahl gesteht. Dies amüsiert

Madame Houpflé so sehr, dass sie ihn auffordert, weiteren Schmuck und Geld zu stehlen.

3. Buch: Paris, Lissabon

III,1 Leben in der Großstadt – Zirkusbesuch: Mit dem letzten Kapitel des zweiten Buches sei auch ein Lebensabschnitt beendet worden, so dass nun mit dem dritten Buch ein neuer »Teil [der] Geständnisse« (S. 191) begonnen werde. Inzwischen mit einem ansehnlichen Bankkonto ausgestattet, übt Krull zwar seinen unbezahlten Dienst als Liftboy weiter aus, flaniert aber mit Stanko durch die »weiträumige Herrlichkeit des Pariser Stadtbildes« (S. 204). Höhepunkt ist für ihn der Besuch einer Zirkusvorstellung, die zur Antithese des im ersten Buch geschilderten Operettenbesuchs gerät: War dort alles falscher Schein, so ist hier der Schein Ausdruck von tiefer Wahrheit; denn »die präziseste Berechnung« allen Tuns ist hier »Lebensbedingung« (S. 199). Krull schwärmt von der Trapezkünstlerin Andromache. Am Ende distanziert Krull sich von dem schlicht und eher kriminell motivierten Stanko und beharrt auf der Einsamkeit als »Grundbedingung« (S. 204) seines Lebens als Hochstapler.

III,2 Tätigkeit als Kellner: Zwei Versuchungen: Das kultivierte Verhalten Krulls fällt seinen Vorgesetzten auf, woraufhin sie ihn zum Kellner befördern. Aufgrund seiner »elastische[n] Natur« (S. 212) erfüllt er die drastisch geschilderten Aufgaben eines Kellners perfekt mit einem Ausgleich zwischen »schmelzende[m] Entgegenkommen« und »sittige[r] Reserve« (S. 213). Den Verlockungen der minderjährigen Eleanor Twentyman kann er ebenso elegant entgehen wie dem vielversprechenden Angebot des homosexuellen Nectan Lord Kilmarnock, der ihn als Hausgefährten einstellen und schließlich sogar adoptieren will.

III,3 Krulls Doppelleben – Marquis de Venosta: Krull mietet ein Zimmer an, in dem er seine wertvolle Garderobe aufbewahrt und sich auf seine Streifzüge durch die elegante Welt vorbereitet. Bei seiner Tätigkeit im Hotel lernt er in Marquis de Venosta einen weiteren Gast etwas näher kennen. Der etwa gleichaltrige und sehr wohlhabende Marquis studiert desinteressiert Kunstgeschichte in Paris, fernab seiner Eltern, die auf einem Schloss in Luxemburg leben. Mehr Interesse zeigt er für seine Freundin Zaza. Begleitet wird der Bericht durch eingestreute Gedanken Krulls zum Rollentausch, zur Zufälligkeit des sozialen Standes und der Verwunderung darüber, dass er jegliches Gefühl dafür verloren habe, »in welcher Gestalt ich eigentlich ich selbst« (S. 238) war.

III,4 Verabredung eines Rollentausches mit Venosta: Scheinbar zufällig trifft Krull bei seinen nächtlichen Ausflügen den diesmal etwas betrübt erscheinenden Marquis de Venosta. Dieser erzählt ihm in überraschender Vertraulichkeit, dass seine Eltern ihn auf eine Weltreise schicken wollen, damit er sich von der nicht standesgemäßen Beziehung zu Zaza entwöhne. Venosta will aber bei Zaza bleiben. In etwas weinseliger Stimmung beschließen Krull und Venosta, die Rollen zu tauschen: Marquis de Venosta bleibt als Krull in Paris, während Krull sich auf eine Weltreise begibt, die ihn über Lissabon nach Südamerika führen soll.

III,5 Bahnreise nach Lissabon, Begegnung mit dem Paläontologen Professor Kuckuck: Krull bespricht mit Venosta weitere Details des »Existenzwechsel[s]« (S. 267). Auf der Zugfahrt nach Lissabon trifft er im Speisewagen Professor Antonio José Kuckuck, der das naturhistorische Museum in Lissabon leitet. Mit ihm ergibt sich ein Gespräch über die Erdgeschichte.

III,6 Frau Kuckuck und Tochter: Nach einer durch schwere Träume beeinträchtigten Nacht im Schlafwagenabteil erreicht Krull Lissabon. Er richtet sich in dem von ihm als standesgemäß empfundenen Hotel Savoy Palace ein, dessen Einrichtung mitsamt leicht frivoler Ausstattung Krull sehr fein zur Kenntnis nimmt. Nach einem ersten Rundgang durch die Prachtstraßen Lissabons trifft er in einem Café zufällig die elegante Maria Pia Kuckuck-la Cruz und deren hübsche Tochter Zuzanna (genannt: Zouzou), die ihn nach einer kleinen Plauderei für den nächsten Tag zu einem Rundgang in das Museu Sciências Naturaes (S. 310) einladen.

III,7 Besuch des Naturhistorischen Museums von Lissabon: Am nächsten Morgen findet sich Felix Krull am Naturmuseum ein. Zusammen mit dem Assistenten Miguel Hurtado führt ihn Professor Kuckuck durch die Räumlichkeiten, und damit gleichzeitig durch die Geschichte der Entstehung und Entfaltung des Lebens, auf die, wie Krull sie deutet, »Vorversuche in der Richtung auf mich« (S. 313). Besonders fallen ihm Lebewesen auf, die als »zwischen den Gattungen schwebend« (S. 314) erscheinen, und dass die Natur sich bei all dem, was sie entwickle, nichts denke (S. 315).

III,8 Spaziergang mit Maria Pia und Zouzou Kuckuck: Tags darauf nimmt Krull die Einladung in das Haus Kuckuck an und speist zusammen mit dem ebenfalls anwesenden Herrn Hurtado bei der Familie. Dabei kommt es zu wechselseitigen Komplimenten ebenso wie zu kleinen Spitzen Zouzous, der etwas vorlauten Tochter Kuckucks. Diese setzen sich beim anschließenden Spaziergang durch den botanischen Garten Lissabons ohne Professor Kuckuck fort. Krull beschließt, seinen nur auf wenige Tage angelegten Aufenthalt in Lissabon zu verlängern, um den Damen des Hauses Kuckuck weiter den Hof machen zu können.

III,9 Briefwechsel mit Venostas Eltern: In einem elegant formulierten Brief berichtet Krull Venostas Eltern in der Rolle ihres Sohnes von den Ereignissen und erklärt mit neuen und sichtlich falschen Argumenten den geänderten Reiseplan. Ausführlich erzählt er von einer »Herrengesellschaft« (S. 339) beim luxemburgischen Botschafter Herrn von Hüon, deren Banalität selbst durch die großspurige Wortwahl Krulls durchscheint. Im zweiten Teil des Briefes berichtet Krull von einer Audienz bei dem jungen König von Portugal, Dom Carlos I. Zwischen die endlosen Schmeicheleien über die Schönheit und den angeblichen Wohlstand von Portugal und einer ordinären Anekdote über einen nässenden Schoßhund schiebt Krull eine den glücklosen Dom Carlos beeindruckende Eloge auf die Ungleichheit und die natur- und gottgewollte Monarchie. Im letzten Teil des Kapitels wird ein Tennismatch geschildert, bei dem Krulls sportliche Unfähigkeit durch einige Zufallstreffer als besondere Begabung gedeutet wird – was Zouzou allerdings durchschaut. Nach einem kurzen Gespräch über die Liebe legt Krull dem Leser den Antwortbrief seiner bereits auch von der Gattin Hüons, Irmingard, informierten Mutter vor. Diese zeigt sich über die (angebliche) Entwicklung ihres Sohnes hocherfreut und stellt einige Kleinigkeiten sachlich richtig.

III,10 Gespräch mit Zouzou über die Liebe: Krull hat sich im luxuriösen Leben eingerichtet und verbringt viel Zeit mit den beiden Frauen aus dem Hause Kuckuck, dem »Doppelbild von Mutter und Tochter« (S. 365). Bei einem Ausflug zum Kloster Belem entwickelt sich zwischen Zouzou und Krull ein Dialog über die Liebe, die sie kokett als Lügenwort um eine garstige Sache abtut. In einer langen »vorbereiteten Rede« (S. 378), die zudem in »Abschnitt[e]« (S. 379) und »Paragraphen« (S. 378) aufgeteilt sei, entwickelt Krull eine Theorie der Liebe als Produkt der Natur gegen die Natur, wie er sie von Kuckuck dargestellt bekommen hatte.

III,11 Besuch beim Stierkampf – Zouzous Aktzeichnungen – Die Affäre mit der Mutter Maria Pia: Kurz vor seiner Abreise nach Argentinien erhält Krull die Gelegenheit, zusammen mit der Familie Kuckuck einen Stierkampf zu besuchen. Er erlebt ihn als blutiges Spiel, während seine tiefere Aufmerksamkeit Frau Kuckuck gilt. Am nächsten Tag verabredet er mit Zouzou die Übergabe einiger etwas schlüpfriger Zeichnungen, die diese dann zerreißt, nur um sofort danach Krull mit Küssen zu überdecken. Das beginnende amouröse Abenteuer wird jäh durch Maria Pia Kuckuck unterbrochen, die ihre Tochter in ihr Zimmer verweist, um dann Krull in ihr Séparée zu führen und zu verführen. Der Roman endet mit dieser Begebenheit.

3. Figuren

Familie Krull

Felix Krull: Krull stammt aus »feinbürgerlichem, wenn auch liederlichem Hause« (S. 7). Er ist ein schwacher Schüler, er bezeichnet sich als »sehr rückständig« (S. 27); die Oberrealschule bricht er ohne Abschluss ab. Das aber lässt ihn ungerührt, schließlich gilt er als »Sonntagskind« (S. 13), dem alles in den Schoß fällt, auch sein Name ist Programm: *Felix* bedeutet übersetzt ›der Glückliche‹.

Rückblickend sieht sich der Hochstapler an seinem Lebensabend darin bestätigt: »Ja, der Glaube an mein Glück und daß ich ein Vorzugskind des Himmels sei, ist in meinem Innersten stets lebendig gewesen, und ich kann sagen, daß er im ganzen nicht Lügen gestraft worden ist.« (S. 13)

Krull ist im Unterschied zu seinen geselligen Eltern ein Einzelgänger. Er hatte als Kind keine Spiel- und Schulkameraden, diese verachteten ihn als »Sohn eines Bankrottierers und Selbstmörders« (S. 68).

Krulls Zentralmotiv

Das Zentralmotiv seines Lebens ist die brüchige Identität: Sie bleibt in der Schwebe des Konjunktivs und der Entfremdung vom Ich zum Ich. Deshalb liebt der Hochstapler Rollenspiele und Verwandlungen. Dieser ständige Identitätswechsel ist sein Erfolgsrezept, er möchte »alle Möglichkeiten der Welt« (S. 154) ausreizen. Auch deshalb gefällt es ihm, seinen Namen zu wechseln: Im Hotel wird er nicht mit Felix, sondern als Armand angesprochen und der Rollen- und Namenswechsel mit Marquis de Venosta bedeutet für ihn ein gesteigertes Daseinsgefühl. Ohne Metamorphosen aber widert Krull die Welt an: »Mein Alltagsgewand, in das ich endlich, nachdem ich so viele bunte Verkleidungen durchlaufen, hatte zurückkehren müssen, ekelte mich« (S. 54).

Krull ist ein Frauenheld, der sich flexibel an die unterschiedlichen Damen anpasst; er ist der gelehrige Schüler der Rouza und er unterwirft sich den masochistischen Rollenspielen der Madame Houpflé. Frauen sowie Männer verfallen seinem androgynen Charme: etwa der homosexuelle Lord Nectan Kilmarnock.

Frauen und Männer lieben Krull

Felix ist ein Krimineller (Diebstahl, Urkundenfälschung, Namenstäuschung, Hochstapelei). So ist die Musterungsszene (S. 93–112) ein betrügerischer Akt: Er täuscht dort, um sich vor dem Militärdienst zu drücken, einen epileptischen Anfall vor. Schuldgefühle sind Krull völlig fremd, bürgerliche Moral oder geltendes Recht scheren ihn nicht. Felix hält sich auch für einen Künstler, dessen Leben eine Scheinwelt ist: Seine Hochstapelei und sein schauspielerisches Talent versteht er als Kunst.

Felix, der Verbrecher

Mit 19 Jahren erreicht Krulls Schönheit seinen Zenit, später als Memoiren-Schreiber ist er weit davon entfernt: »Heute, wo mein Antlitz abgemagert ist und meine Glieder die Merkmale des Alterns aufweisen, kann ich es mit Gelassenheit aussprechen, daß meine neunzehn Jahre alles gehalten hatten« (S. 69).

Vollendet mit 19 Jahren

Der Vater: Felix Krull führt auf der ersten Seite seiner Memoiren seinen Vater Engelbert so ein: »[...] wiewohl dick und fett, besaß [er] viel persönliche Grazie und legte stets Gewicht auf eine gewählte und durchsichtige Ausdrucksweise« (S. 7). Außerdem war er »ein Günstling der Frauen« (S. 8), der sich etliche Affären erlaubte und sogar für seine Tochter Olympia »eine zärtliche Schwäche gehabt« (S. 62) hatte. Manchmal flüchtet Engelbert Krull vor seiner eifersüchtigen Ehefrau nach Mainz, wo er eine Wohnung unterhält, dort führte er »das Leben eines Junggesellen« (S. 18). Außerdem war er ein großzügiger und verschwenderischer Gastgeber. Seine Trinkgelage uferten zuweilen in Orgien aus.

Trinkgelage und Orgien

Engelbert Krull produziert in seiner Fabrik minderwertigen Sekt. Felix' Patenonkel Schimmelpreester beschreibt die Qualität pointiert: »Ist es Petroleum oder Fusel, was Sie bei der Dosierung zusetzen? Kurzum, das ist Giftmischerei. Fürchten Sie die Gesetze!« (S. 10) Die muss er zu Recht fürchten, weil er auch nicht vor Kreditbetrug und einer Insolvenzverschleierung zurückschreckt. Seine Firma geht schließlich in den Konkurs, sein Lügengebäude bricht zusammen und die Konfrontation mit der realen Welt treiben Krulls Vater in die Selbsttötung, er erschießt sich: »Es war fünf Monate nach der Konkurseröffnung, und der Herbst fiel ein. [...] Dort lag er mit geöffneten Kleidern auf dem Fußboden, seine Hand ruhte hoch auf der Wölbung seines Leibes, und neben ihm fand sich das blanke, gefährliche Ding, womit er sich in sein sanftes Herz geschossen.« (S. 61 f.)

Die Mutter: Die Ehe mit Engelbert Krull belastet Felix Krulls Mutter, nicht nur wegen seiner zahlreichen Affären: »Sehr oft, da meine Eltern sich bis zur Erbitterung miteinander langweilten, hatten wir Gäste aus Mainz und Wiesbaden, und dann ging es überaus reichlich und aufgeräumt bei uns zu.« (S. 19) Die Partys helfen Krulls gelangweilten Eltern, sich von ihrem tristen Eheleben zu erholen. Felix Krull berichtet, dass seine Mutter »eine unscheinbare Frau von wenig hervorragenden Geistesgaben war« (S. 18), obendrein isst sie mehr oder weniger hemmungslos: »Meine Mutter und Schwester überließen sich einer geistlosen Völlerei« (S. 20).

Nach der Beerdigung ihres Gatten beherzigt sie den Rat Schimmelpreesters: »Die weite Welt steht Ihnen offen. Ihr kleines Privatkonto auf der Kommerzbank ist noch nicht völlig erschöpft. [...] Sie sind in der Küche zu Hause« (S. 72). Sie zieht mit Felix nach Frankfurt und eröffnet dort in einer schäbigen Hinterhauswohnung die »Pension Loreley« (S. 78). Die Mutter erweist sich als geschäftstüchtig, ihr Unternehmen floriert: »[...] und mit Recht durfte meine Mutter eine Erweiterung des Unternehmens, die Anwerbung einer Dienstmagd von weitem ins Auge fassen.« (S. 80)

Die Schwester Olympia: Ihr glorreicher und mythenträchtiger Name Olympia steht windschief zu ihrer allenfalls mittelmäßigen Persönlichkeit. Das gilt auch für ihren Spitznamen »Lympchen« (S. 73), der sie verniedlichend bezeichnet. Ihr Bruder, der jünger als sie ist, beschreibt sie als »ein dickes und außerordentlich fleischlich gesinntes Geschöpf« (S. 18). Sie möchte gerne heiraten, aber das scheitert: »Zuvor habe ich der Verlobung meiner Schwester Olympia mit dem Secondeleutnant Übel [...] in Mainz zu gedenken, die sehr festlich begangen wurde, ohne daß sich ernste Lebensfolgen daraus ergaben.« (S. 56)

Nach der Bestattung ihres Vaters schickt Schimmelpreester sie zu seinem Freund Sally Meerschaum, sie soll dort, obwohl ihre Stimme kaum zum Singen taugt, Karriere machen: »Er wird Olympia, sei es bei einer Operettentruppe von zunächst schlichterem Range oder in dem künstlerischen Verbande einer Singspielhalle, ohne Schwierigkeiten unterbringen« (S. 73).

Felix Schimmelpreester: Er ist der Patenonkel von Felix und sein Mentor. Im vierten Kapitel des ersten Buches beschreibt Felix seinen Paten (S. 24–27). Er ist ein dekadenter Lebenskünstler, der eine zwielichtige Vergangenheit hat, über die nur vage etwas berichtet wird. Er ist gebürtiger Kölner, angeblich verkehrte er dort »in den ersten Häusern« und in der kurzen Karnevalszeit spielte er »als Festordner [...] eine hervorragende Rolle« (S. 24). Schimmelpreester musste die Stadt fluchtartig verlassen: »Aber durch irgendwelche Umstände oder Vorkommnisse, die niemals aufgeklärt wurden, war er genötigt worden, das Feld zu räumen« (S. 24). Noch vor der Geburt Felix' wird der Flüchtling »der Hausfreund der Meinen« (S. 24).

Seinen bizarr anmutenden Nachnamen, mit dem er eine neue Identität annimmt, erklärt er selbst: »›Die Natur‹, sagte er, ›ist nichts als Fäulnis und Schimmel, und ich bin zu ihrem Priester bestellt, darum heiße ich Schimmelpreester.‹« (S. 24) Mit diesem neuen Namen – über seinen alten erfährt der Leser nichts – erhebt sich Schimmelpreester zum Herrn über die verwesende Natur, auch die menschliche. Obendrein ist sein Professorentitel (Malerei) erschwindelt.

Bedeutung von Schimmelpreester

Seine Anschauungen über die »Natur des Künstlers« (S. 25) als betrügerischen Menschen überzeugen seinen gelehrigen Patensohn. Felix dient ihm als Modell für zahllose seiner Historienmalereien, wobei sich herausstellt, dass Krull in allen Kostümen und Epochen so glaubwürdig aussieht, als sei er »für diesen Aufzug recht eigentlich bestimmt und geboren« (S. 26). So trainiert der Pate Krulls beeindruckendes Anpassungsvermögen und bereitet ihn für seine Karriere als Hochstapler vor: »›Er hat einen Kostümkopf‹, pflegte er zu sagen und meinte damit, daß alles mir zu Gesichte stünde, jede Verkleidung sich gut und natürlich an mir ausnähme.« (S. 26)

»Natur des Künstlers«

Nach der Beerdigung von Felix' Vater hilft er dessen Witwe und deren beiden Kindern. An die Lebensweisheiten seines Paten erinnert sich Felix im Verlauf seines Lebens immer wieder, weil er seinen Mentor nach wir vor wertschätzt: »Zu wohl bewahrte ich bei mir die Worte meines Paten Schimmelpreester (mit dem ich hie und da Ansichtskarten mit kurzem Text wechselte)« (S. 192).

Die Frauen

Rozsa: Die Hure Rozsa stammt aus Ungarn. Sie wuchs in einem Wanderzirkus auf, wo ihre Mutter arbeitete. Später wurde sie »nach Budapest in ein Freudenhaus verschleppt« (S. 122). Ein Wiener Kaufmann – »[ä]lter schon und zum Schlagfluß geneigt« (S. 122) – befreite sie und starb schließlich im Bett in ihren Armen, nach seinem Tod ging sie für einen Metzgergesellen anschaffen, der schließlich im Gefängnis landete. Nun sucht sie einen neuen Zuhälter: »und da sie nicht gewillt war, auf ihr privates Glück zu verzichten, hatte sie ihre Augen auf mich geworfen« (S. 123).

Krull lernt sie in einem Kaffeehaus in Frankfurt kennen und hat noch am selben Abend in einer Kutsche Sex mit ihr. Rozsa entdeckt Felix' erotisches Potenzial, deshalb bietet sie ihm ihre Dienste an: »Sie aber wolle meine Lehrmeisterin sein und mich in eine gründliche Schule nehmen; denn es sei deutlich, daß meine Gaben der Anleitung von fertiger Hand noch bedürften …« (S. 121). Felix wird schließlich für ein halbes Jahr ihr Zuhälter (S. 124). Und er bekennt, dass Rozsa maßgeblich zu seiner »Verfeinerung« (S. 124) beigetragen habe: »[…] daß ich die Stückchen meines Lebens nicht mit so viel Feinheit und Eleganz hätte

■ Sex-Lehrmeisterin

vollführen können, ohne durch Rozsas schlimme Liebesschule gegangen zu sein.« (S. 125)

Madame Houpflé: Sie ist mit einem schwerreichen Fabrikanten, der Klosettschüsseln herstellt, verheiratet, deshalb kann sie sich ein luxuriöses Leben erlauben: »Ich, ich habe Houpflé geheiratet, einen reichen Industriellen, damit ich im Schutze seines Reichtums meine Bücher schreiben kann« (S. 186). Sie verfasst unter dem Künstlernamen Diane Philibert kitschige Romane. Ihr Vorname ist göttlicher Herkunft: Diane ist in der Antike die Göttin der Jagd, sie zeichnet sich unter anderem durch ihre Jungfräulichkeit aus; Madame Houpflé ist indes eine Nymphomanin, ironischerweise eine unfruchtbare.

Bei der Grenzkontrolle nach Frankreich entwendet Felix ein Schmuckkästchen, das Madame Houpflé gehört. Krull begegnet ihr zufällig wieder an seinem neuen Arbeitsplatz, einem Pariser Hotel. Sie befiehlt ihm, sie zu verführen, wobei sie ausdrücklich betont, dass sie nur Männer begehre, die nicht älter als 18 Jahre alt sind. Vielleicht liebt sie Felix aus einem anderen Grund: Sie hätte gerne einen Sohn gehabt: »Ich hätte ihn abgöttisch geliebt, wär' er nur halbwegs schön gewesen« (S. 186). Sie spekuliert, ob sie diese nie erfahrende Liebe ödipal auf den Liftboy projiziert: »Vielleicht, sag' ich, ist diese Liebe zu euch versetzte Mutterliebe, die Sehnsucht nach dem Sohn …« (S. 186).

■ Ödipale Beziehung

Wenn sie Felix' Schönheit emphatisch preist, streut sie immer wieder französische Sequenzen ein, was af-

■ Affektierte Sprache

fektiert und gekünstelt wirkt, alles andere als authentisch: »Du auch, bien aimé, du alterst hin zum Grabe gar bald, doch das ist Trost und meines Herzens Labe: ihr werdet immer sein, der Schönheit kurzes Glück, holdseliger Unbestand, ewiger Augenblick!« (S. 187). Sie nennt ihn auch ihren »Mignon in Livree« (S. 182), das impliziert eine neue Geschlechterzuweisung: »Offensichtlich geht es ihr darum, Krulls Geschlechtscharakter ins Uneindeutige zu verschieben. Ob sie nun die Mignon Goethes meint, das androgyne, in Jungenkleider gewandte und erst im Sterben zum Mädchenhaften erblühende Zwischenwesen aus *Wilhelm Meister* oder das französische Schimpfwort, das seit den Tagen Henris III. auf feminine Homosexuelle angewandt wird: In beiden Fällen verliert Krull so die Eindeutigkeit seiner Männlichkeit und verkörpert ›etwas Wunderbares‹«[1].

Krull gesteht ihr seinen Diebstahl. Dies erregt Madame Houpflé so sehr, dass sie ihn auffordert, weiteren Schmuck und Geld zu stehlen: »Armand, du sollst bei mir stehlen. Hier unter meinen Augen. Das heißt, ich schließe meine Augen und tue vor uns beiden, als ob ich schliefe. Aber verstohlen will ich dich stehlen sehen. Steh auf, wie du da bist, diebischer Gott, und stiehl!« (S. 189)

Aufforderung zu weiteren Diebstählen

Außerdem fordert sie Felix auf, sie zu beschimpfen und zu bestrafen, sie verlangt entsprechende Züchtigungen: »Da liegen deine Hosenträger, nimm sie,

Masochistische Madame Houpflé

1 Werner Frizen, *Thomas Mann, Bekenntnisse des Hochstaplers Felix Krull. Interpretation*, München 1988, S. 60.

Liebster, drehe mich um und züchtige mich aufs Blut!« (S. 188)

Kontrastfigur Andromache: Die Trapezkünstlerin Andromache (S. 191–205) ist die Kontrastfigur zu Madame Houpflé, mit ihr, der »unnahbare[n] Amazone des Luftraumes« (S. 200) ist Sex nicht möglich. Felix ist von diesem Kunstgeschöpf begeistert: »Ich betete sie an.« (S. 199).

Kontrastfigur Eleanor Twentyman: Das 17 oder 18 Jahre alte Mädchen verliebt sich in den schönen Felix, es würde – wie Frau Houpflé – sofort mit Krull ins Bett gehen, aber er wiegelt die Liebeserklärungen der viel zu jungen Frau, ihren Fluchtplan und ihren Kinderwunsch elegant ab. Das weinende Mädchen ist am Boden zerstört: »No kiss! No child! Poor, unhappy me! Poor little Eleanor, so miserable and disdained!« (S. 227)

Mutter und Tochter Kuckuck: Maria Kuckuck und ihre Tochter Suzanna (»Zouzou«, S. 275), die mit ihrem Ehemann bzw. Vater in Lissabon wohnen, verlieben sich in Felix. Ihm gefallen die beiden auch. Zuweilen spielt er sie gegeneinander aus: Er wertet das zu große Gesicht der Mutter ab, weil es angeblich auf ihn »einschüchternd streng vor iberischem Rassestolz« (S. 375) wirkt. Der Tochter streicht er indes Honig um den Mund: »Wie die Dinge liegen, ist sie nicht ganz, was sie sein sollte: eine Schönheit. Sie dagegen, Zouzou, sind das Hübsche und Reizende in Perfektion und auf seinem Gipfel.« (S. 375)

Stierkampf und Erotik

Als er aber bei dem Stierkampf als Zuschauer neben ihrer Mutter sitzt, ist seine ekstatische, fast schon blutdürstige Erregung nur zu offensichtlich: »[...] und neben mir die Rassekönigin mit dem wogenden Busen, die ich anblickte, [...] da die gestrenge und elementare Person dieser Frau mir mehr und mehr eins wurde mit dem Blutspiel dort unten.« (S. 392)

Am nächsten Tag übergibt Felix Zouzou einige schlüpfrige Zeichnungen, die sie dann zerreißt, nur um sofort danach Krull mit Küssen zu überdecken. Das amouröse Abenteuer wird jäh unterbrochen: »Zouzou warf jäh den Kopf zur Seite, riß sich aus unsrer Umarmung. Vor Busch und Bank – vor uns – stand ihre Mutter.« (S. 397) Die verweist ihre Tochter in ihr Zimmer. Maria Pia wirft Krull vor, »den Weg der Kinderei« gewählt zu haben und »das Köpfchen eines Kindes zu verwirren« (S. 399). Krull ist von ihrer Kritik begeistert, beide stürzen aufeinander zu: »Ein Wirbelsturm urtümlicher Kräfte trug mich ins Reich der Wonne. Und hoch, stürmischer als beim iberischen Blutspiel, sah ich unter meinen glühenden Zärtlichkeiten den königlichen Busen wogen.« (S. 399) Mit diesem erotischen Ereignis endet das Fragment.

Reich der Wonne

Die Männer

Professor Antonio José Kuckuck: Er hat eine Professur für Paläontologie und er ist Direktor eines naturhistorischen Museums in Lissabon. Auf der Zugfahrt nach Lissabon trifft Felix im Speisewagen den 57-jährigen Professor Antonio José Kuckuck. Sein zukünftiger Mentor doziert über die Erdgeschichte, deren einer Pol die Auffassung ist, dass die angesichts der Ewigkeit kurze Epoche des Menschen aus dem Nichts komme und zum Nichts werde, und deren anderer Pol die Auffassung, dass der Mensch zugleich – über die Stufen des Anorganisch-Leblosen, des Organisch-Lebendigen und des Geistigen – die Krone der Schöpfung bilde (S. 276 f.). Es ist gerade die Vergänglichkeit, die dem Menschen Würde und Wert gebe. Die Idee der Natur sei die der Verbindung, die Idee des Menschen sei der Fortschritt, und das Spezifikum des Menschen »sei das Wissen« um »Anfang und Ende« (S. 286 f.) und um seine Nichtigkeit.

Der Professor mit den »Sternenaugen«

Krull hört mit Begeisterung zu, weil er seine Lebensphilosophie durch eine kosmische Dimension bestätigt bekommt: »Ich war außerordentlich gepackt – schon jetzt, und dann in immer wachsendem Maß.« (S. 276) So eine sphärische Weltsicht, solch eine Perspektive ist für Felix neu und er bewundert den Professor, der die Welt mit »Sternenaugen« (S. 269) sieht.

Kaum Interesse an der Gesellschaft

Den Wissenschaftler tangiert das gesellschaftliche Treiben nur am Rand, er schwebt eben in einer anderen Sphäre: »Da Kuckucks Sache die Ideenschau ist, läßt er sich auf das Gehudel der Wirklichkeit nicht ein: ›Papa ist immer milde‹ […], attestiert Zouzou; denn im Angesicht der Weltenräume verschwinden die Einzelegoismen. Nicht einmal Krulls Tändelei mit Frau und Tochter vermag des Professors Toleranz aus dem Gleichgewicht zu bringen.«[2]

Stanko: Der Kleinkriminelle Stanko arbeitet im selben Hotel wie Felix. Als Krull in der Hotelunterkunft für die Mitarbeiter sein Diebesgut, den Schmuck von Frau Houpflé, begeistert unter die Lupe nimmt, beobachtet Stanko heimlich seinen Zimmergenossen. Der Ertappte ist überrascht und angewidert, nachdem Stanko ihn duzt: »›Wollen Sie mich, bitte, nicht duzen‹, sagte ich gereizt.« (S. 141) Die geforderte Distanz schert den Verbrechner nicht, sicherlich auch, weil er in Felix einen Berufsgenossen, eben einen Kriminellen sieht, womit er ja auch recht hat. Schließlich gibt ihm der neue Kollege die Adresse eines Hehlers, dem Krull den Schmuck verkaufen wird. Dafür kassiert der Ganove einen Teil des Geldes. Als dieser ihm aber nach Monaten vorschlägt, zusammen einen Einbruch zu machen, distanziert Krull sich von ihm.

Marquis de Venosta: Er ist ungefähr so alt wie Felix, der durchaus von ihm angetan ist: »Ich sah ihn gern hereinkommen in seiner bequemen, unbekümmerten Manier […]. Hübsch war er weiter nicht, wenn

2 Frizen (s. Anm. 1), S. 65 f.

auch von eleganter Erscheinung, mit sehr feinen Händen und nett onduliertem braunem Haar.« (S. 232) Sie haben eins gemeinsam: Beide erfüllen nicht die Rollen, die ihr jeweiliges Elternhaus für sie vorgesehen hat. Krull gerät nach dem Tod seines Vaters auf kriminelle Abwege. Loulou de Venostas Vater ist ein steinreicher Stahlindustrieller, seine Mutter eine Adelige; sie bewohnen in Luxemburg »ein parkumgebenes Stammschloß aus dem siebzehnten Jahrhundert« (S. 233).

■ Gescheitertes Jurastudium und Beginn des Kunststudiums

Der Marquis beginnt ein Jurastudium an der Sorbonne, gibt aber auf, um sich »unter nur halber und bekümmerter Zustimmung derer in Luxemburg den schönen Künsten« zuzuwenden – »und das bei sehr geringem Glauben an seine Befähigung dazu« (S. 233 f.). Seine Eltern schätzen ihn pointiert als »nichtsnutzigen Sohn« (S. 233) ein. Obendrein sind sie nicht mit seiner Freundin Zaza einverstanden, weshalb sie ihn zwingen wollen, eine Weltreise ohne seine Geliebte anzutreten.

■ Rollentausch

Der Bericht über den Marquis wird durch eingestreute Gedanken Krulls zum Rollentausch flankiert, zur Zufälligkeit des sozialen Standes und der Verwunderung darüber, dass er jegliches Gefühl dafür verloren habe, »in welcher Gestalt ich eigentlich ich selbst« (S. 238) war. Damit ist der Nährboden bereitet, wieder mal die Rolle zu wechseln. Krull wird als Marquis Venosta auf Weltreise gehen und der Marquis führt in Paris sein dekadentes Leben mit Zaza weiter. Der Rollentausch wird per Handschlag besiegelt und sofort umgesetzt: »›Bonne nuit, à tantôt, Monsieur le Marquis‹, [...] ich hörte die Anrede zum erstenmal aus seinem Munde, und der Gedanke an den Ausgleich von Sein und Schein, den das Leben mir gewähren, an den Schein, den es dem Sein gebührend hinzufügen wollte, überrieselte mich mit Freude.« (S. 261)

Lord Nectan Kilmarnock: Der homosexuelle Lord ist ein einsamer und trauriger Mann, er verbringt 14 Tage im Hotel und verliebt sich auf platonische Weise in Felix. Er »war ein Mann von sichtlicher Vornehmheit, um die Fünfzig, mäßig hoch gewachsen, schlank, äußerst akkurat gekleidet« (S. 219).

Er lebt mit seiner älteren Schwester in einem Schloss in der Nähe von Aberdeen (Schottland). Der vereinsamte Mann isst auffällig wenig, Krull macht sich deshalb Sorgen und spricht ihn an. Der Lord analysiert dieses Problem knapp: »Nahrungsaufnahme – ich habe eine ausgesprochene Abneigung dagegen. Vielleicht ist sie das Zeichen einer gewissen Selbstverneinung.« (S. 222)

»Selbsverneinung« des Lords

Werner Frizen hat eine Erklärung für seine Appetitlosigkeit: »Opfer in anderer Weise sind im selben Kapitel Miss Twentyman und Lord Kilmarnock. Sie verzehren sich wortwörtlich in Liebe zu Narziss. Miss Twentyman hat die Liebe um den Schlaf gebracht, der Lord treibt seine Nahrungsverweigerung bis zur ›Selbstverneinung‹«[3].

3 Frizen (s. Anm. 1), S. 63.

Der Lord wird gesellschaftlich geächtet, weil er homosexuell ist, als Außenseiter – der übrigens Züge von Thomas Mann trägt – meistert er sein Leben nur mit äußerster Anstrengung. Felix ist für ihn ein Hoffnungsschimmer, er könnte ihn vielleicht erlösen, deshalb bietet er ihm eine gut bezahlte Stelle als Kammerdiener in seinen schottischen Besitztümern an, und er möchte ihn sogar adoptieren: »Es gibt Fälle von Adoption … Sie könnten eines Tages als Lord Kilmarnock und Erbe meiner Besitzungen erwachen.« (S. 229) Aber der Narzisst Krull lehnt ab (S. 228 f.), auch weil er seine Freiheit nicht verlieren möchte.

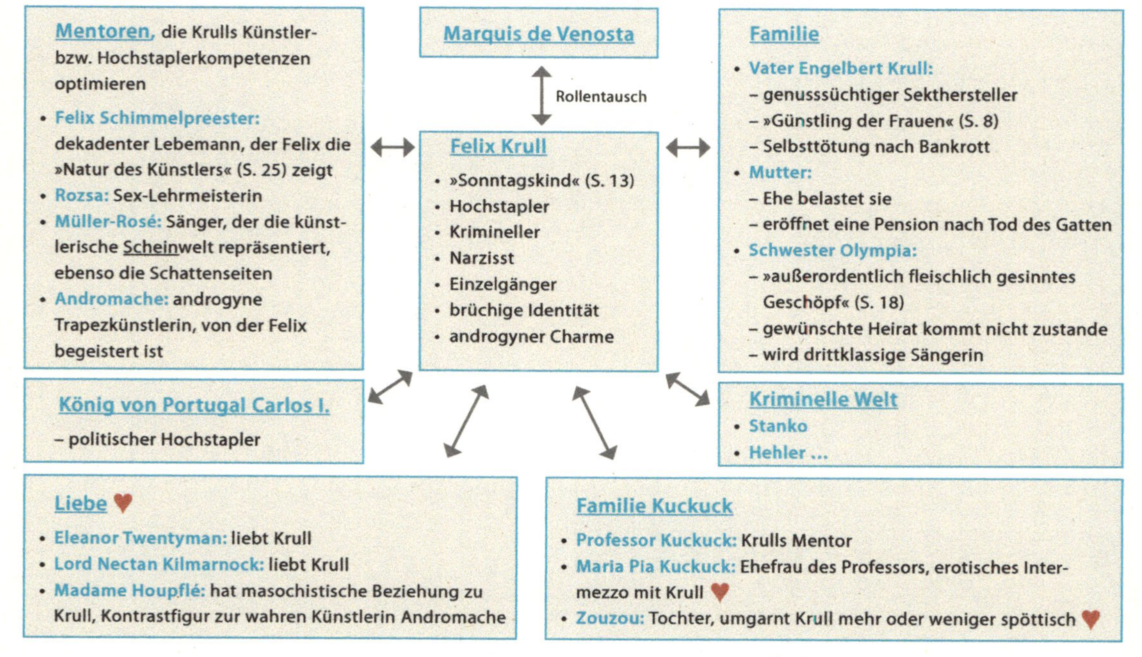

Abb. 3: Figuren-Konstellation

4. Form und literarische Technik

Im *Felix Krull* experimentiert Thomas Mann erneut mit der Form der Ich-Erzählung. Die *Bekenntnisse des Hochstaplers* charakterisieren sich im Titel als »Memoiren«, allerdings nicht so konsequent, dass der Autor bei der Publikation auf die Nennung seines Namens verzichten oder sich lediglich – wie E. T. A. Hoffmann bei den *Lebensansichten des Katers Murr* – als *Herausgeber* bezeichnen würde. Es handelt sich also um Rollenprosa, bei der der Autor die Rolle des Ich-Erzählers ausfüllt.

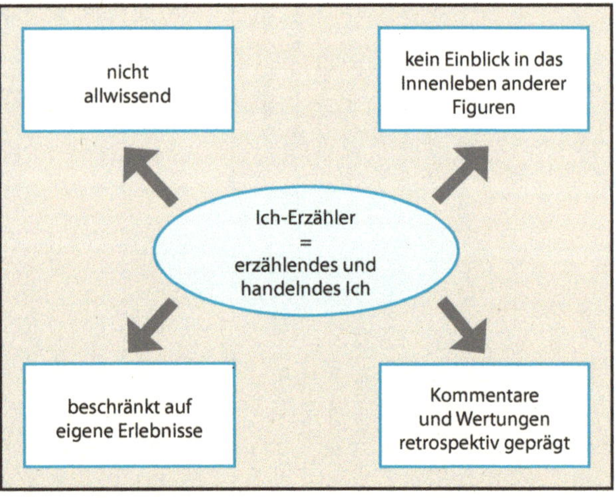

Abb. 4: Ich-Erzähler

Vergleicht man den *Felix Krull* mit der ungelenken Prosa des zeitgenössischen Hochstaplers Georges Manolescu, eine Quelle, aus der Thomas Mann nachweislich schöpfte, so zeigt die »gehobene Ausdrucksweise« (S. 312) Krulls die Differenz zu einem mimetischen Naturalismus. Im *Felix Krull* erzählt Thomas Mann, wie ein Hochstapler schreiben müsste, wenn er so schreiben könnte wie Thomas Mann. Der Text ist gekennzeichnet durch die Feinheit und Genauigkeit bei der Zergliederung feinster Stimmungslagen und Gedanken und die typischen Merkmale der erzählenden Prosa Thomas Manns.

■ Hypothetische Rollenprosa

Zu beobachten ist eine variationsreiche, häufig unübliche und sprachschöpferische Wortwahl, die oft ironisch Worte aus einem Wortfeld in ein anderes Wortfeld transportiert (z. B. »Funktionär«, »akkumulieren«, S. 342). Der hochkomplexe Satzbau, der selbst in der gesprochenen Sprache gepflegt wird, wirkt humoristisch, wenn sich die beiden Gauner Stanko und Felix in gepflegtem Schriftdeutsch unterhalten.

■ Komplexe Sprache

Der Text hat viele fremdsprachliche Anteile. Einerseits bestätigen diese die These, dass nicht alles in allen Sprachen gleich zu sagen ist (S. 128 f.; vgl. auch S. 153 über »jolie femme«). Andererseits sind eingestreute fremdsprachliche Passagen gleichbedeutend mit sozialem Kapital, das Krull etwa zu einer Anstellung verhilft (S. 154 f.) oder auch nur Eindruck schinden soll, was etwa auf die banalen französischen Einsprengsel von Vater Krull zutrifft, die sein Sohn unfreiwillig selbstent-

■ Weltbilder der Sprachen

larvend als »gewählte und durchsichtige Ausdrucksweise« (S. 7) bewertet.

»Nimm den Namen als gutes Omen!« (S. 149), sagt Stanko zu Krull und beschreibt damit zugleich jene Technik, die Thomas Mann zur Virtuosität gebracht hat: die Namensgebung seiner Figuren, die im Text z. B. anlässlich des Namens Schimmelpreester sogar erläutert wird (S. 24). Namen können sprechend sein; können Personen charakterisieren (*Felix*, der Glückliche, S. 13) oder ironisch das Gegenteil ihres Charakters oder Aussehens (*Olympia* = die Himmlische) bezeichnen. Dies kann begrifflich (Madame *Houpflé*: *houpflé* = ›aufgeblasen‹), aber auch durch den bedeutungsfreien Klang (*Stanko*, *Zaza*, *Zouzou*) geschehen. Denn: »Der Name ist ja mit der Person, die ihn trägt, unzertrennlich verbunden« (S. 358) – was allerdings ein Hochstapler sagt, der zu diesem Zeitpunkt einen falschen Namen angenommen hat.

■ Sprechende Namen

Zu nennen ist Thomas Manns berühmte – von der Musiksprache Richard Wagners übernommene – Leitmotivtechnik, nach der Personen stets von gleichen Merkmalsnennungen begleitet werden. Diese Technik liegt auch vor, wenn immer wieder analoge Formulierungen bemüht werden (»mein Pate Schimmelpreester«, S. 7, 10, 14), wenn gleiche Zitate immer neu gewendet und ausgedeutet werden (so das Lied »Freut euch des Lebens«, S. 11, 61, 277) oder bestimmte rhetorische Figuren wieder aufgenommen werden (das oft eingesetzte »erstens« und »zweitens« (S. 15, 153, 327 f. u. ö.). Inhaltlich bedeutsam ist das Motiv des

■ Leitmotivtechnik

Theaters – ein Rückgriff übrigens auf Goethes Roman-Fragment *Wilhelm Meisters theatralische Sendung*. Theatermetaphern durchziehen den gesamten Text, drei Kapitel beschäftigen sich intensiv mit dem Theatralischen: der Operettenbesuch (Kap. I,5), der Besuch des Zirkus (Kap. III,1) und des Stierkampfes Kap. III,11). Dazu gehören noch Krulls Dienstleitungen vor dem Theater (Kap. II,4). Der Schauspieler wird zum Typ des modernen Menschen, der entweder nur eine Rolle übernimmt, die nicht seinem wahren Ich entspricht, oder im Leben etwas nur vorspielt, vortäuscht. Bedeutsam sind weiter die Leitmotive Schlaf und Müdigkeit (S. 7, 12 u. ö.), Kostüm und Verkleidung (S. 25 f., 74, 158, 193, 238 u. ö.) und das Begriffsfeld »Mischung« von Gegensätzen (S. 25), das Weder–Noch (Mann–Frau, Tier–Engel, S. 200 f.), die »Doppelwesen« (S. 86), die durch Silbenverdopplung entstehenden Kosenamen Zaza, Zouzou oder Loulou, oder Mutter-Tochter-Motive, die die »elastische Natur« (S. 212) Krulls charakterisieren (»ich muß mich verdoppeln, mich zweiteilen«, S. 251): Nichts ist dann eindeutig etwas Bestimmtes, sondern zugleich das Gegenteil.

Als stilistische Eigenheit sind die vielen Zitate und intertextuellen Bezüge zu nennen, wenn etwa Krull bekennt, »allein, auf mich selbst gestellt« (S. 113) zu sein, und damit Goethes Lied *Vanitas! Vanitatum Vanitas!* (»Ich hab' mein Sach auf Nichts gestellt.«) anspielt. Dabei ist es ein hintersinniges Amüsement, den schulisch ungebildeten Krull in den Worten

Intertextualität

geistesgeschichtlicher Referenzautoren wie Goethe, Schiller, Nietzsche oder Schopenhauer sprechen zu hören.

Zeitstruktur

Der Roman folgt der Chronologie der Lebensgeschichte Krulls, die aber auch durchbrochen wird von Vorausdeutungen (»Ich sollte darüber in Bälde Genaueres erfahren«, S. 130), Vorwegnahmen (»Dies nur im voraus und außer der Reihe«, S. 8) oder Rückgriffen (die Herkunft des Vaters, S. 7).

Leseransprache

Die in Romanen des 18. und 19. Jahrhunderts übliche Leseransprache, bei der ein expliziter Erzähler seine (fiktiven) Leser direkt auf Einstellungen, erwartetes Leserverhalten, vermutete Reaktionen oder zur Selbstdarstellung anspricht (»Unbekannter Leser!«, S. 52), wird virtuos gehandhabt (z. B. S. 85, 87, 191, 213, 262 u. ö.) und zugleich als Einverständnis des Lesers in die Täuschungsabsicht des Erzählers hingestellt: »Oder achteten sie in stillschweigendem Einverständnis den Betrug nicht für Betrug?« (S. 35). Ein Betrug, den der Leser als Betrug durchschaut und akzeptiert, ist kein Betrug mehr – sondern ein Spiel. Handelt es sich um ›eine anständige Kumpanei in der Lüge‹, ähnlich jener zwischen Stanko und Felix?

Reflexive Prosa

Auffällig ist der Wechsel von Erzählung und Reflexionen, und zwar von Reflexionen, die nicht in die Figurenrede eingelagert sind – wie etwa bei Professor Kuckucks Vortrag über die Naturgeschichte der Erde –, sondern vom Erzähler als »glückliche[s] Nachsinnen« (S. 71) eingefügt werden. Dies ist typisch für den modernen Roman des 20. Jahrhunderts, in dem die reflexiven Anteile über das Erzählte und das Erzählen zunehmen, wie z. B. in Robert Musils *Mann ohne Eigenschaften* oder in Hermann Brochs *Schlafwandler*-Trilogie. Hatte Goethe noch gefordert, in der Kunst auf alles Erklärende zugunsten der Gestaltung zu verzichten (»Bilde, Künstler, rede nicht!«), kann der moderne Romancier nicht mehr »naiv« schreiben, sondern muss sein Kunstwerk »sentimentalisch« (Friedrich Schiller) gestalten. Er weiß, dass er erzählt; er reflektiert über das Erzählte und das Erzählen und kennt seine Bedingungen und Grenzen. Zudem werden allgemeine Sachverhalte anlässlich des Erzählten noch einmal essayistisch reflektiert (»Soviel am Rande und als à propos«, S. 195). Auch der Erzähler der *Bekenntnisse des Hochstaplers Felix Krull* weiß dies und rechtfertigt seine essayistischen Einschübe mehrfach explizit: »Man verzeihe diese Abschweifung eines zur Weltbemerkung nun einmal aufgelegten Kopfes, der zur Beobachtung des Lebens nicht so sehr durch dessen häßliche und brutale, als durch seine zarten und liebenswürdigen Seiten angehalten wird.« (S. 139)

Ein auktorialer Erzähler blickt distanziert und oftmals ironisch auf seine Darstellung, über die er souverän verfügen kann. Auch der Erzähler Felix Krull schreibt in seiner Ich-Erzählung ironisch, und zwar auf eine besondere Art. Bereits an früher Stelle gesteht er dabei ein, mit der »Materie nach Gutdünken« (S. 34) zu verfahren. Das Erzählen wird nun aber in einem doppelten Sinne unzuverlässig, indem das Beschriebene *und* das Beschreiben selbst fragwürdig

Unsicheres Erzählen als Stilmittel

werden. Denn es erzählt ein besonderer Erzähler, ein Hochstapler nämlich. Sein Metier ist die Täuschung, die Vorspieglung falscher Tatsachen, die Verschleierung (S. 354), Vertuschung und Deformation der Wahrheit. Während es doch im autobiographischen Erzählen eigentlich darum geht, das »Bild eines Menschen [,] genau nach der Natur und in seiner ganzen Wahrheit« darzustellen, wie Jean-Jacques Rousseau es im Vorwort zu seinen *Bekenntnissen* schreibt, zeigt die Erzählhaltung des Hochstaplers genau den gegenteiligen Gestus, nämlich alles vage, aufgehübscht und im Täuschungsinteresse zurechtgedeutet darzustellen. Die traditionelle erzählerische Ironie des allwissenden Erzählers wandelt sich beim Ich-Erzähler Krull zu einem Mittel der Ungewissheit und Täuschung aus betrügerischer Absicht. Alles muss wahr erscheinen, so, dass der Leser es für wahr hält – und zugleich weiß der Leser, wie sehr der Erzähler dazu neigt, absichtsvoll zu täuschen. Wie also ist das Erzählte zu beurteilen? Was stimmt und was nicht? Der Leser ist irritiert und verunsichert. Er darf vernünftigerweise nichts von dem glauben, was er liest, und kann sich doch nur an das Erzählte halten. Dies ist exemplarisch nachzuvollziehen, wenn Krull in einem Brief den Eltern Venostas von dem berichtet, was er zuvor dem Leser geschildert hatte (Kap. III,9) – wobei der Leser das Geschehen zuvor auch nur von Krull erfährt. Stimmt überhaupt noch irgendetwas? Ist alles gelogen? Wozu aber dann diese artistische Täuschung? Nur als inhaltsloses Spiel?

Zudem erzählt ein Erzähler mit mangelnder Schulbildung (was er euphemistisch als »natürliche[] Bildung« bezeichnet, S. 68), der fast alles, was er von sich gibt, nur oberflächlich und vom Hörensagen her kennt und zugleich »die wörtliche Mitteilung« nicht als sein »Element« (S. 89) ansieht. Weiß er eigentlich, wovon er spricht? Kann er das aufgrund seiner Qualifikationen überhaupt? Denn selbst ihn beschleicht das – allerdings dann auch wieder nur »flüchtige« – »Bedenken«, ob er »diesem […] Unternehmen nach Vorbildung und Schule denn auch gewachsen« (S. 7) sei. Anlässlich des Gesprächs mit Professor Kuckuck versucht Krull beim Leser wieder alle Zweifel zu zerstreuen: »Aber wäre ich […] ohne diese Inständigkeit der Aufnahme, wohl heute, nach so vielen Jahren, imstande, dieses Tischgespräch wenigstens in seinen Hauptpunkten fast wörtlich, ich glaube: ganz wörtlich wiederzugeben?« (S. 276 f.) Krull versucht mit Argumenten zu versichern, dass er authentisch erzählt – das typische Verhalten eines notorischen Lügners.

■ Trügerische Versicherung der Authentizität

Der Sprachstil des Romans ist – so Thomas Mann – ein hochartistisches »Balancekunststück«, da das Rollenspiel des schreibenden Hochstaplers konsequent eingehalten werden soll: Er darf nie wirklich brillant, aber ebensowenig fehlerhaft sein. So erwähnt Krull etwa, dass im Springbrunnen des Vaters »Silberfische schwammen« (S. 11), aber sicherlich meint er nicht die gleichnamigen Insekten (*Lepisma saccharina*), sondern *Gold*fische. »Da musste im Ton

■ Sprachstil

zwar zu hoch gegriffen werden, aber auch nicht wieder zu sehr; da musste der richtige Ausdruck aufs Präziseste verfehlt werden, denn in der Verfehlung lagen Komik und Erkenntnis. Die zweischneidige Mischung aus Unbildung, euphemistischem Schwindel, Direktheit, preziösem Schnörkel und dem aufgesetzten Pathos der Beichte« machten den »Hochstaplerstil«[4] aus.

Da es sich um einen literarischen Text handelt, darf Thomas Mann den Hochstaplerstil nicht nur nachahmen, sondern muss ihn zugleich *literarisch* gestalten; so nämlich kann er die Mängel des hochstapelnden Stils als Vorteil für die Erkenntnis nutzen. Der Text muss eben das offenlegen, was der Stil des realen Hochstaplers gerade nicht vermag: eine Wahrheit *aufscheinen* lassen. Wäre der Text *nur* Nachahmung des »Hochstaplerstils«, würde er Berichte parodieren, die allenfalls für Gerichte und psychiatrische Gutachter von Interesse wären. Der Roman soll aber keine Parodie auf die Hochstapelei sein. Sondern die Erzählung von der Hochstapelei als Kunstform bedient sich des hohen Stils, um so das Fragwürdige an der Welt aufzuzeigen.

Die poetologisch-stilistische Frage lautet also: Wie kann man durch Hochstapelei die Wahrheit sagen?

4 Thomas Mann: Werke, Briefe, Tagebücher. [Große kommentierte Frankfurter Ausgabe.] Hrsg. von Heinrich Detering [u. a.]. Bd. 12: Bekenntnisse des Hochstaplers Felix Krull. Der Memoiren erster Teil. Bd. 2: Kommentar. Frankfurt a. M. 2012. S. 164.

Wie kann man einen Hochstaplerstil als Quelle der Erkenntnis nicht über Hochstapelei, sondern über die Welt nutzen?

Das Exemplarische der Hochstapelei

Gewissermaßen muss in der Hochstapelei etwas über den Zustand der zeitgenössischen Welt deutlich werden, was die realistische Beschreibung nicht deutlich machen kann. In ihren Fehlformen wird die Welt erkennbar. So, wie Bertolt Brecht (1898–1956) 1928 in der *Dreigroschenoper* an der Organisation der Bettler und Gauner die Mechanik des Kapitalismus aufzeigen wird, versuchte 1910/20 Thomas Mann anlässlich der Bekenntnisse eines Hochstaplers das Konstruktionsprinzip der »überfütterten Luxusgesellschaft« (S. 213) aufzuzeigen. Hierbei helfen als Stilmittel *Zuspitzung* und *Übertreibung*, *Verschweigen* oder *Aussparen*, die geschickte »Vermeidung von Einzelheiten« (S. 233), die sprachliche *Ungenauigkeit*, der *Perspektivwechsel*, besonders die neuen »Etikettierungen« (S. 124) und *Euphemismen*, die ausweichende »unbestimmte Weitläufigkeit« (S. 272), das *unfreiwillig* Richtige – die Ästhetik eines Bildes wird z. B. nicht als *strenge,* sondern »überanstrengte Schönheit« (S. 342) bezeichnet, als Kitsch also. Die Stilmittel sollen dadurch entlarven, dass sie etwas verschleiern wollen.

Das ungesagte Eigentliche

Das Nichtgesagte wird so zum eigentlichen Inhalt des Buches. Denn die »gespielte Uneigentlichkeit provoziert Besinnung auf das Eigentliche«.[5] Dieses

5 Reinhard Baumgart, *Das Ironische und die Ironie in den Werken Thomas Manns*. Frankfurt a. M. / Berlin / Wien 1974, S. 194.

Nichtgesagte muss der Leser aus dem Gesagten rekonstruieren, er muss den wahren Gehalt aus dem lügnerischen Inhalt zu bestimmen suchen: »Denn das Wort ist der Feind des Geheimnisvollen und ein grausamer Verräter der Gewöhnlichkeit.« (S. 117) Ein Beispiel hierfür ist Krulls Bemerkung im Naturkundemuseum, zu den, wie Krull es deutet, »Vorversuche[n]« der Natur »in der Richtung auf mich« (S. 313). Was hier als Narzissmus erscheinen mag, beinhaltet eine Kritik des ›Sozialdarwinismus‹, sollte er als Grundlage für politische oder soziale Handlungssteuerung genutzt werden. Mag zwar in der Naturgeschichte das Prinzip des *survival of the fittest* als Anpassung an die jeweilige natürliche Umwelt und als Bedingung des Weiterlebens einer Art gedeutet werden, so ist in politischen und sozialen Belangen völlig unklar, welche dieser Umwelten und welches Überleben denn als maßgeblich bestimmt werden. Die Existenz Krulls, seine Lebensweise als Hochstapler und Kleinkrimineller exemplarisch als Beispiel für das Böse verstanden, zeigt ja, dass auch das moralisch Unangemessene zu überleben vermochte (vielleicht sogar besser als das Moralische). Aus der einfachen Tatsache des Überlebens ist daher nicht zu folgern, dass die Überlebenden zugleich die moralisch besseren Menschen oder auch nur künftig erfolgreich wären. Damit gelingt es Thomas Mann, durch einen an »politische[n] und wirtschaftliche[n] Gegenstände[n]« (S. 338) überhaupt nicht interessierten Betrüger eine Absage an jene sozialen Programme zu erteilen, die glaubten, aus dem Prinzip der biologi-

Narzissmus oder Kritik des »Sozialdarwinismus«?

Beispiel für das Böse

schen Überlebensstrategien die Legitimation von höheren und niederen ›Rassen‹ ableiten zu können.

Rassenideologie des Nationalsozialismus

Unfreiwillig trifft Krulls Eitelkeit die Rassenideologie des Nationalsozialismus in ihrem gedanklichen Kern. Freilich muss der Leser diese Konsequenz aus dem Nichtgesagten, aber Umschriebenen ableiten, etwa wenn Krull (übrigens a-historisch) im Jargon des Nationalsozialismus feststellt, dass die »Wühlmäuse an den Wurzeln der Gesellschaft nagen« und »gesunde Instinkte« des Volkes »zersetzen« (S. 348). Der eigentliche Inhalt des Buches ist das Nichtgesagte, der vom unfreiwillig richtigen Gerede umkreist wird.

Wandlung vom Schelmen- zum Zeitroman

Damit ist zugleich erkennbar, dass die in den 1950er Jahren geschriebenen Teile des Romans nun auch politisch Stellung beziehen – was zuvor nur an wenigen Stellen geschah (z. B. in der Musterungsszene und im Essay über Gleichheit). Eine grundlegende Veränderung hat sich ergeben, eben die Wandlung des Schelmenromans zu einem Zeitroman

Zeitangaben

Einige Angaben im Text bis zu Kapitel III,8 ermöglichen eine grobe Datierung der geschilderten Ereignisse: Professor Kuckuck bezeichnet das Erdbeben in Lissabon (1755) als Ereignis »im vorigen Jahrhundert« (S. 272), so dass der Roman vor 1900 spielen muss. Erst seit 1870, nämlich nach der Weltausstellung 1867 in Paris, werden Aufzüge in europäischen Hotels üblich, in denen der inzwischen gemusterte, also mindestens 19-jährige Krull als Page arbeiten wird. Der Roman spielt diesen Angaben zufolge in den Jahren von ca. 1875 bis zum Ende des Jahrhunderts. Der Umstand,

Epochendarstellung

dass sich bis zum 8. Kapitel des III. Buches keine exakten Daten finden lassen, deutet an, dass Thomas Mann keine Zeit, sondern eine Epoche darstellen wollte: Jene Epoche, die nach dem Ersten Weltkrieg zerfallen wird. Dies ändert sich mit dem Kapitel III,8, aus dem der Leser nicht nur mit dem 25.8.1895 das genaue Datum erfahren, sondern zudem zum ersten Mal Hinweise auf politische Konstellationen in Portugal und einen »republikanische[n] Aufstand« (S. 340) erhält. Der in den 1950er Jahren geschriebene Teil des Romans bekommt plötzlich durch diese Datierungen eine politische Dimension.

Parodie

Thomas Mann selbst hat die Form *Der Bekenntnisse des Felix Krull* als »Parodie« bezeichnet und zudem bekannt, er akzeptiere »im Stilistischen nur noch die Parodie«[6]. Unter einer Parodie verstand er die »Liebe zu einem Kunstgeist, an dessen Möglichkeit man nicht mehr glaubt«[7]. Sein Roman parodiert den Bildungsroman, weshalb sich die Frage stellt, warum die Form des deutschen Bildungsromans nicht mehr möglich ist.

6 Thomas Mann, »Die Entstehung des *Doktor Faustus*. Roman eines Romans«, in: Th. M., *Werke. Das Essayistische Werk. Taschenbuchausgabe in acht Bänden*, Bd. 3, Frankfurt a. M. 1968, S. 88–205, hier S. 114.

7 Thomas Mann, »Über den ›Gesang vom Kindchen‹«, in: Th. M., *Reden und Aufsätze*, Bd. 1, Frankfurt a. M. 1965 [Stockholmer Gesamtausgabe der Werke], S. 746–748, hier S. 748.

5. Quellen und Kontexte

Thomas Mann hat sich oft über die folgenden Quellen seines Romans geäußert, ebenso zu dessen Genre. Diese Texte sind zusammengestellt in der Buchreihe »Selbstkommentare«.

Auf das Sujet des Hochstapler-Romans hatte Thomas Mann in stofflicher und atmosphärischer Hinsicht Georges Manolescus (1871–1908) Autobiografie *Ein Fürst der Diebe* (1905) gebracht. In journalistischer Prosa berichtet dort ein Hochstapler von Betrügereien und Abenteuern, aber auch – im Unterschied zum *Felix Krull* – von seinen Inhaftierungen unter oft folterähnlichen Zuständen.

Manolescu: *Ein Fürst der Diebe* (1905)

Herman Bang (1857–1912) schildert in seiner Erzählung *Franz Pander* einen jungen Mann, der aufgrund von Aussehen, Qualifikation und Selbstverständnis nicht in seine Herkunftswelt passt, aber sich auch nicht in der von ihm bewunderten Oberschicht etablieren kann: Bisexuell und zu narzisstischer Selbstgestaltung neigend, verdingt er sich als Kellner in einem Nobelhotel, wo er sich nach Affären mit Gästen und Hotelpersonal in die minderjährige Miss Ellinor verliebt, die kokett mit ihm spielt.

Bang: *Franz Pander* (1905)

»Mit außerordentlichem Interesse und Vergnügen« hatte Thomas Mann die Geschichte des Hochstaplers Harry Domela (1904/05–1979) *Der falsche Prinz* (1927) gelesen, die »an Geist und Witz, an bewußt satirischer Kraft diejenige des Hauptmanns von Köpenick bei

Domela: *Der falsche Prinz* (1927)

Abb. 5: Narziss betrachtet sein Spiegelbild im Wasser. Ölgemälde (1594–96) von Michelangelo Merisi da Caravaggio

weitem«[8] überrage. Domela hatte sich als Hohenzollernprinz ausgegeben und war zu einem Medienstar aufgestiegen, dem André Gide (s. u.) mehrfach aus prekärer Lage half.

8 Thomas Mann, *Selbstkommentare: »Königliche Hoheit«, »Bekenntnisse des Hochstaplers Felix Krull«*, hrsg. von Hans Wysling und Marianne Eich-Fischer, Informationen und Materialien zur Literatur, Frankfurt a. M. 1989, S. 82.

Die wissenschaftliche Analyse der Manuskripte Thomas Manns haben gezeigt, dass er gezielt Fotos und Zeitungsmeldungen sammelte, die oft zu Vorlagen für seinen Text wurden, etwa das Tennisspiel, zu dem es im Text heißt: »Noch sehe ich mich zum Annehmen eines tiefen Vorhanddrives, das eine Bein vorgestreckt, mit dem anderen ins Knie gehen, was ein gar hübsches Bild ergeben haben muß, da es mir Applaus von den Zuschauerbänken eintrug« (S. 356).

■ Fotos und Zeitungsmeldungen

Für Thomas Mann war *Felix Krull* ein Picaro-Roman, der in der Tradition von *Der abenteuerliche Simplicissimus* steht, ein 1668 erschienener Roman, in dem der Autor Hans Jakob Christoffel von Grimmelshausen (1622–1676) seinen Helden rückblickend von seinem Schelmenleben berichtet lässt.

■ Vorbild: Picaro-Roman

Die Gattung des *Schelmenromans* gab es schon in der Antike, ein Beispiel ist Petronius' Roman *Satyricon* (1. Jh. n. Chr.). Von Apuleius stammt der Roman *Der goldene Esel* (um 170 n. Chr.), den Thomas Mann bewunderte.

■ Antike Vorbilder

Die Weltreise des *Don Quijote* von Miguel de Cervantes (1547–1616) stellt eine in Episoden gereihte Fahrt durch die Kulturen und sozialen Schichten dar. Wie Don Quijote besteht Felix Krull viele Abenteuer und ihm ist auch der Unterschied zwischen Wahrheit und Fiktion nicht immer geläufig.

■ Cervantes: *Don Quijote* (1605)

Gottfried Keller (1819–1890) erzählt in der Hochstapler-Novelle *Kleider machen Leute* (1874) von einem Schneidergesellen, den die biederen Bürger allzu gerne wegen seiner gefälligen Gesichtszüge, seiner

■ Keller: *Kleider machen Leute* (1874)

Kleidung und seiner Manieren für sozial höherstehend halten wollen, als er tatsächlich stand.

Wenn Krull berichtet, dass seine Weltreise ein »Bildungserlebnis[] [sei], wie es einem jungen Mann von Familie zur Vollendung seiner Erziehung so zukömmlich ist« (S. 335), lässt Thomas Mann seinen Protegé geradezu bestimmen, was jenes Genre ausmacht, dem sich sein Roman *ironisch* verpflichtet weiß: »Der deutsche Bildungsroman, parodiert und der Schadenfreude des Fortschritts ausgesetzt als Autobiographie eines Hochstaplers und Hoteldiebes –, das wäre dann also der melancholisch-politische Zusammenhang, in den ich dieses Buch zu stellen hätte.«[9]

Bildungsroman

Fiktive Autobiografie

Als Beispiel für die ironisch inszenierte Gattung der fiktiven Autobiografie schätzte Mann Joseph von Eichendorffs (1788–1857) Novelle *Aus dem Leben eines Taugenichts* (1826). Zu nennen ist auch E. T. A. Hoffmanns (1776–1822) Roman über die *Lebens-Ansichten des Katers Murr nebst fragmentarischer Biographie des Kapellmeisters Johannes Kreisler in zufälligen Makulaturblättern* (1819/21), in dem ein Kater süffisant-umständlich erzählt und das Identitätsmotiv des *Felix Krull* vorwegnimmt.

Großstadtroman

Der *Felix Krull* enthält mehrere ausführliche Beschreibungen großstädtischen Lebens, ein Sujet, das in der deutschsprachigen Literatur erst sehr spät entdeckt wurde, wie der Literaturwissenschaftler Karl Riha in

9 Thomas Mann, »[Der autobiographische Roman] [1916]« in: Th. M., *Werke. Das Essayistische Werk. Taschenbuchausgabe in acht Bänden*, Bd. 2, Frankfurt a. M. 1968, S. 45–48, hier S. 46 f.

seiner Studie *Die Beschreibung der ›Grossen Stadt‹* (1970) ausführlich zeigte. Thomas Mann kannte als Beispiel etwa Theodor Fontanes (1819–1898) Roman *Irrungen, Wirrungen* (Kap. 21) und lobte sehr Alfred Döblins (1878–1957) *Berlin Alexanderplatz* (1929).

Hotelroman

Das Hotel mit seinem illustren Publikum und seinen strengen Hierarchien gibt Romanciers die Möglichkeit, die Verfasstheit der Gesellschaft an einem überschaubaren Beispiel aufzuzeigen: Zu nennen sind Joseph Roths (1894–1939) *Hotel Savoy* (1924) wie der überaus populäre Roman *Menschen im Hotel* (1929) von Vicky Baum (1888–1960). Thomas Mann hatte dieses Genre bereits in seinem Roman *Der Zauberberg* und in der Novelle *Der Tod in Venedig* genutzt. In dem 2013 erschienenen Roman *Königsallee* hat Hans Pleschinski (geb. 1956) Felix Krull einen späten literarischen Auftritt im Hotel verschafft.

Identitätsprobleme

Das große Thema des *Felix Krull* ist die Fraglichkeit von Identität. Auch mit diesem Thema bewegt sich Thomas Mann im Kontext zeitgenössischer Diskurse. Als ein früher Höhepunkt wird Virginia Woolfs (1882–1941) ironische Biografie *Orlando* (1928) angesehen, ein Held, der in seinem 400 Jahre währenden Leben vom Mann zur Frau mutiert: »Seine Gestalt vereinte die Kräftigkeit eines Mannes mit der Anmut eines Weibes […]. Der Wechsel des Geschlechts änderte zwar die Zukunft der beiden, bewirkte aber nichts, was ihre Identität geändert hätte.«[10]

10 Virginia Woolf, *Orlando. Eine Biographie* [1928], übers. von Herberth und Marlys Herlitschka, Frankfurt a. M. 1964, S. 121 f.

Ein Jahr vor Thomas Manns Tod erschien der Roman *Stiller* (1954) von Max Frisch (1911–1991), der ebenfalls die Identitätsfrage in den Mittelpunkt stellte. In einem Brief an Frisch betonte Mann noch einmal seine Ästhetik, nach der die »Gegenwartsliteratur« »als ein Abschiednehmen, ein rasches Erinnern, Noch-einmal-Herausrufen und Rekapitulation des abendländischen Mythos«[11] zu verstehen ist.

Sprachskepsis als Hochstapelei

Eine tiefe Sprachskepsis durchzieht das gesamte Denken Krulls: Krull bezieht sich (oft wörtlich) auf berühmte Vorbilder, etwa Johann Wolfgang Goethe, der *Faust* in seinem Eingangsmonolog nicht das Wort, sondern ganz so wie Krull die »Tat« (S. 123) als »wortlosen Urzustand« (S. 90) bezeichnen lässt. Krull referiert die Auffassung Friedrich Nietzsches (1844–1900) *Über Wahrheit und Lüge im außermoralischen Sinne* (1874/96), dass »jedes Wort […] an und für sich und als solches bereits eine Phrase« (S. 89) sei. Eine weitere Referenz ist Hugo von Hofmannsthals (1874–1929) *Chandosbrief* (1902), in dem ein fiktiver Philipp Lord Chandos bemerkt, dass »die abstrakten Worte, deren sich doch die Zunge naturgemäß bedienen muß, um irgend welches Urteil an den Tag zu geben, [ihm] im Munde [zerfielen] wie modrige Pilze.«[12]

Aber *Felix Krull* ist auch Repräsentant für einen

11 Thomas Mann, »Brief an Max Frisch vom 7. 5. 1951«, zit. nach: Th. M., *Tagebücher 1953–1955*, hrsg. von Inge Jens, Frankfurt a. M. ²1995, S. 429 f.

12 Hugo von Hofmannsthal, *Der Brief des Lord Chandos*, hrsg. von Fred Lönker, Stuttgart 2019, S. 14.

Romantypus der deutschsprachigen Literatur, die sich immer schon verständnisvoll um Sonderlinge und *Außenseiter* in ihrem *Unglücklichen Bewußtsein* (Hans Mayer, 1975 und 1986) gekümmert hatte: Unsichere Zeugen werden als Ich-Erzähler eingesetzt, Insassen von Erziehungsheimen (Siegfried Lenz), Kriminelle, Blinde (Max Frisch), Clowns (Heinrich Böll) und merkwürdige Kleinwüchsige (Günter Grass). Haben sie die falsche Sicht auf die Welt, oder ist die angeblich falsche die einzig wahre Sicht?

Ein produktive Erzählhaltung

In dem 1957 erschienenen Roman *Der Sonntagslügner* erzählt der damalige Bestsellerautor Josef Martin Bauer (1901–1970) die Geschichte eines an sich braven Handlungsreisenden, der, um die in ihn gesteckten Erwartungen zu erfüllen, seiner Familie ein Leben vortäuscht, das so nie stattfindet. Als weiterer legitimer Nachfolger wurde bisher der Roman *Es muß nicht immer Kaviar sein* (1960) von Johannes Mario Simmel (1924–2009) zu wenig beachtet. »Die tolldreisten Abenteuer« (Untertitel) schildern den Zweiten Weltkrieg aus der Sicht eines vorrangig amourös und kulinarisch interessierten Pazifisten, der sich allen Gefahren durch raffinierte Täuschungen und sprachlichen Witz entziehen kann. 1969 veröffentlichte Jurek Becker (1937–1997) seinen Roman *Jakob der Lügner*, in dem eine kleine Lüge sich verselbständigt und zu einer durch die Ironie der Erzählsituation anders betrachteten Geschichte der nationalsozialistischen Verbrechen führt.

Nachfolger?

Angestoßen durch den Fragmentcharakter des *Felix Krull*, hat der Dramaturg Walter Thomas (1908–1970)

Versuchte Fortsetzungen

(Pseudonym: Hans Peter Dorn) 1958 versucht, den Roman zu Ende zu erzählen: *War ich wirklich ein Hochstapler?* Zu einem öffentlichen Skandal kam es durch den parodistischen Roman *Olympia* (1961) von Robert Neumann (1897–1975). Dieser hatte die Geschichte Felix Krulls aus der Perspektive seiner Schwester Olympia erzählt.

6. Interpretationsansätze

Der Roman *Die Bekenntnisse des Hochstaplers Felix Krull* lässt sich unter mehreren Blickwinkeln interpretieren, einige seien hier vorgestellt.

Der erste Satz als Exposition von Erzählhaltung und Zeitgestaltung

Der Roman beginnt mit einer Vorausdeutung, und zwar einer, die bereits sein mögliches Ende andeutet und das oben beschriebene Erzählproblem erkennen lässt:

> »Indem ich die Feder ergreife, um in völliger Muße und Zurückgezogenheit – gesund übrigens, wenn auch müde, sehr müde (so daß ich wohl nur in kleinen Etappen und unter häufigem Ausruhen werde vorwärtsschreiten können), indem ich mich also anschicke, meine Geständnisse in der sauberen und gefälligen Handschrift, die mir eigen ist, dem geduldigen Papier anzuvertrauen, beschleicht mich das flüchtige Bedenken, ob ich diesem geistigen Unternehmen nach Vorbildung und Schule denn auch gewachsen bin.« (S. 7)

Verwiesen solche Beschreibungen in den klassischen Vorbildern der Gattung bei Augustinus und Rousseau auf eine inzwischen geläuterte und durch Reflexion distanzierte Haltung des philosophisch qualifizierten

Verfassers, so tragen Krulls Vorausdeutungen eher zur Verunsicherung des Lesers bei, da er durch den Titel des Buches weiß, dass er die Bekenntnisse eines *Hochstaplers* vor sich hat: Um welche Art von »Zurückgezogenheit« mag es sich handeln, meint die »Weltflucht« (S. 69) die Flucht vor Feinden oder gar in eine Irrenanstalt oder Haftanstalt? Der Leser stößt gleich im ersten Satz bei dem Stilmittel der Vorausdeutung auf jene Kunst des Euphemismus, die das zu Sagende so verschleiert, dass der Leser die Wahrheit, die der Text verstellt, durch die Analyse der Verstellung auf die Spur kommen muss. Dass etwas strafrechtlich Relevantes geschehen sein könnte, ergibt sich aus einer kleinen Verschiebung: Aus den »Bekenntnissen« des Buchtitels ist gleich zu Beginn das (unfreiwillige? unbedachte? unbemerkte?) Eingeständnis geworden, hier »Geständnisse« (S. 7) zu schreiben.

Ort des Schreibens

Die juristische Vokabel verrät also das, was verschleiert werden sollte: den Ort des Schreibens. Wo befindet sich Krull räumlich, wenn er seine Bekenntnisse schreibt? Kein Wort darüber! Die Bestätigung, dass im folgenden Text umfassend getäuscht werden wird, ist spätestens dann deutlich, wenn Krull vom »geduldigen Papier« spricht, dem er sein Geständnis anvertraut, und damit auf jene Redewendung anspielt, die die Lüge umschreibt: »Papier ist geduldig«.

Gibt es noch exemplarische Autobiografien?

Es stellt sich die Frage, warum die Form des deutschen Bildungsromans nicht mehr möglich ist. Im Hinblick auf den *Felix Krull* lassen sich drei Gründe anführen, die zugleich als Einführung in die Absicht des Autors zu lesen sind: Welches Leben ist exemplarisch? Kann sich ein heutiger Autor mit den großen Autobiografien der Weltliteratur messen, mit Augustinus' *Confessiones* (397–401 n. Chr.), mit den – Augustinus schon negierend spiegelnden – *Confessions* Jean-Jacques Rousseaus (1782/89) oder Goethes *Dichtung und Wahrheit* (1811–33), die eine Epoche am Beispiel des eigenen Lebens darzustellen vermögen? Welche Existenz wäre denn exemplarisch? Es scheint, als könne nur ein Hochstapler noch sein »eigenes, eigentümliches Leben« (S. 34) als Sinnbild für seine Zeit vortragen.

Die epochale Autobiografie ist nicht mehr möglich, weil sich der Gegenstand der Autobiografie aufgelöst hat: das autonome Subjekt. Nur ein Hochstapler kann noch behaupten, dass er »nur einmal da« (S. 230) sei, und daher sein Leben erzählenswert sei.

■ Das Ende des Subjekts

Begriffe wie Desorientierung, Diskontinuität, Inkohärenz, Irrealität und Fragmentarisierung kennzeichneten den Vorgang des umfassenden Realitätszerfalls in der Moderne, den schon Friedrich Nietzsche diagnostiziert hatte. Daher müsse auch der Mensch neu definiert werden. Das denkende Ich, jene Kategorie, in der René Descartes noch eine sichere Erkenntnis verankert wusste, entlarvt Nietzsche noch

■ Epochaler Sinnverlust

vor der Psychoanalyse: »all unser sogenanntes Bewußtsein [ist] ein mehr oder weniger phantastischer Kommentar über einen ungewußten, vielleicht unwißbaren, aber gefühlten Text«.[13] Für Nietzsche besteht damit das Bewusstsein aus einer unberechenbaren Vielheit ohne einheitliches Zentrum.

Das menschliche Ich zersetzt sich

Diese Analyse greifen auch andere Wissenschaftler und Künstler auf, so etwa der Physiker und Philosoph Ernst Mach: Er geht wie Nietzsche davon aus, dass das Ich bzw. das erkennende Subjekt nicht eindeutig definiert werden kann, weil es sich aus Empfindungskomplexen zusammensetzt. Eine Anekdote aus Machs Jugend verdeutlicht das anschaulich: »An einem heitern Sommertage im Freien erschien mir einmal die Welt samt meinem Ich als eine zusammenhängende Masse von Empfindungen, nur im Ich stärker zusammenhängend.«[14]

Grenze zwischen Subjekt und Objekt zerfließt

Der Verfasser beschwört ein Erlebnis herauf, bei dem ihm zum ersten Mal bewusst wird, dass Welt (Objekt) und Ich (Subjekt) in einem ständigen Austausch miteinander stehen und nicht, wie viele Wissenschaftler annahmen, zwischen beiden eine strikte Grenze besteht. Das Ich unterscheidet sich lediglich von den anderen »Empfindungen« (Welt), weil sie im

13 Friedrich Nietzsche, »Nachgelassene Fragmente«, in: F. N., *Sämtliche Werke. Kritische Studienausgabe*, Bd. 13, hrsg. von Giorgio Colli und Mazzino Montinari, München ²1988, S. 387.

14 Ernst Mach, *Analyse der Empfindungen und das Verhältnis des Physischen zum Psychischen*, Jena ⁶1911, S. 24.

Ich stärker zusammenhängen. Das Ich zersplittert regelrecht in der Moderne, ebenso die gegenständliche Realität: Die Welt ist nicht stabil oder identisch mit sich selbst, sondern sie öffnet sich dem Ich als fließender Empfindungsstrom.

Prousts Marcel und Th. Manns Krull

Marcel Proust übernimmt – vielleicht unbewusst – Machs Modell: Marcel, der Protagonist der *Recherche* (1913–27), beschreibt seine Geliebte Albertine, die gerade schläft, wie folgt: »so sah ich jetzt [...] auf dem kurzen Weg, den meine Lippen bis zu ihrer Wange zurücklegten, zehn Albertinen nacheinander vor mir; dies eine junge Mädchen war wie eine Göttin mit mehreren Häuptern, und das eben noch erblickte Gesicht machte, wenn ich versuchte, ihm noch näher zu kommen, schon wieder einem anderen Platz.«[15] Der Körper ist, und das wird ganz ausdrücklich deutlich, nicht festlegbar. Dieser Proteusfluch, die ständige Wandlung, begleitet das gesamte 20. Jahrhundert, auch Felix Krull. Professor Kuckuck vergleicht ihn aus gutem Grund mit einer »Seelilie« (S. 273): »Wie diese in ihrer harmonischen Schönheit nur in der Jugend an einem Stiele im Grunde festsitze, sich dann aber befreie und abenteuernd an den Meeresküsten umherstreife, so gehe auch Felix ›auf Inspektionsfahrt‹«[16].

Zentralmotiv des Romans

Das ist das Zentralmotiv des *Felix Krull*, nämlich die brüchige Identität: Sie bleibt in der Schwebe des Kon-

15 Marcel Proust, *Auf der Suche nach der verlorenen Zeit. Vierter Teil. Sodom und Gomorra*, Bd. 1, Frankfurt a. M. 1982, S. 484.

16 Manfred Eisenbeis, *Lektüreschlüssel zu Thomas Mann: Bekenntnisse des Hochstaplers Felix Krull*, Stuttgart 2007, S. 31.

Abb. 6: Gestielte Seelilie. – © CC BY 2.0

junktivs und der Entfremdung vom Ich zum Ich: »Verkleidet also war ich in jedem Fall, und die unmaskierte Wirklichkeit zwischen den beiden Erscheinungsformen, das Ich-selber-Sein, war nicht bestimmbar, weil tatsächlich nicht vorhanden.« (S. 238)

Das Ende der Autobiografie

Die Autobiografie ist schließlich nicht mehr möglich, weil das einzelne Leben sich nicht als sinnerfülltes Kontinuum darstellt, sondern nur noch als Aufeinanderfolge von Zufällen. Sie bleibt letztlich Fragment: unvollständig und ohne Ziel. Und damit ist der Aufbau des *Felix Krull* als Roman genau beschrieben. Die Parodie jener prominenten Gattung einer epochal-exemplarischen Sinnstiftung stellt das darzustellende Ich in seinem heillosen Zustand bloß.

Felix Krull als Künstler

Eine Auseinandersetzung mit dem Schriftsteller Thomas Mann verlangt eine zumindest ansatzweise Beschäftigung mit der Kunstauffassung Nietzsches. Immer wieder stößt man in den Schriften Manns auf diesen Namen. So spielt Nietzsches Kunstphilosophie in Manns Novelle *Tod in Venedig* (1912) eine herausragende Rolle, und in seinem Roman *Dr. Faustus* (1947) hat die Hauptfigur, der Tonsetzer Adrian Leverkühn, Charakterzüge Nietzsches.

Nietzsche und Th. Mann

Nietzsche vertritt die Auffassung, dass der moderne Mensch nur in der Kunst noch die Möglichkeit habe, seine Individualität frei zu entfalten, und Nietzsche deutet die Kunst als eine notwendige Bedingung des Lebens. Die Kunst ist eine Funktion des Lebens. Sie stellt stets einen Bezug zum Leben her, bzw. steht im Dienst des Lebens. Erst als schöpferisches Leben ist das Dasein des Menschen sinnvoll. Die Kunst wird als Schein interpretiert.

Nietzsches Kunstauffassung

Der Schaffende erdichtet sich eine neue Wirklichkeit, er erweckt die statischen, verwissenschaftlichten Bereiche zu neuem Leben – sein künstlerisches Tun wirkt somit lebenssteigernd und dient der Selbsterhaltung. Dies erfordert geradezu ein Verfälschen der Dinge. Das funktioniert in Bezug auf ein einzelnes menschliches Individuum folgendermaßen: »wo ich nicht fand, was ich *brauchte*, es mir künstlich erzwingen, zurecht fälschen, zurecht dichten musste (– und was haben Dichter je Anderes gethan? und wozu wäre

Schein und Lüge

alle Kunst in der Welt da?).«[17] Die Lüge wird zum Daseinsprinzip schlechthin. Die Täuschung, die individuelle Erdichtung einer Welt, dient der Lebenserleichterung und Lebenserhaltung. Der Dichter erweist sich als »Lügner«. Sein Produkt, der Schein, wird nach der Verabschiedung des traditionellen Wahrheitsbegriffs bejaht, ja sogar angebetet: »Dieser Glaube an die Wahrheit geht in uns zu seiner letzten Consequenz – ihr wißt, wie sie lautet: daß, wenn es überhaupt etwas anzubeten giebt, es der Schein ist der angebetet werden muß, daß die Lüge – und nicht die Wahrheit – göttlich ist …?«[18]

Scheinwelten Krulls

Der Künstler erdichtet sich eine Scheinwelt; genau das macht auch der Hochstapler Felix Krull. In der Musterungsszene (S. 93–112) wird der Leser Zeuge von Krulls betrügerischer Schauspielerei, Krull inszeniert eine Scheinwelt und die Kommission geht ihm auf den Leim.

Als Felix 14 Jahre alt ist, sieht er auf der Bühne den Sänger, der auf der Bühne sein Publikum verzaubert. Sein Name *Rosé* ist hier Programm, seine künstlerische Scheinwelt erstrahlt sozusagen im rosigen

Operettensänger Müller-Rosé

17 Friedrich Nietzsche, »Menschliches, Allzumenschliches 1«, in: F. N., *Sämtliche Werke. Kritische Studienausgabe*, Bd. 2, hrsg. von Giorgio Colli und Mazzino Montinari, München ²1988, S. 14.

18 Friedrich Nietzsche, »Die fröhliche Wissenschaft«, in: F. N., *Sämtliche Werke. Kritische Studienausgabe*, Bd. 3, hrsg. von Giorgio Colli und Mazzino Montinari, München ²1988, S. 464.

Glanz. Krull ist begeistert: »allein wie er damals die Menge und mich zu blenden, zu entzücken verstand, das gehört zu den entscheidenden Eindrücken meines Lebens. Ich sage: zu blenden« (S. 29).

Aber hinter der Bühne macht der bisher vollkommene Sänger einen erbärmlichen Eindruck. Felix Krull und sein Vater besuchen Herrn *Müller* in seiner Garderobe: »Wir traten ein, und ein Anblick von unvergeßlicher Widerlichkeit bot sich dem Knaben dar. An einem schmutzigen Tisch und vor einem staubigen und bekleckten Spiegel saß Müller-Rosé, nichts weiter am Leibe als eine Unterhose aus grauem Trikot.« (S. 33) Hier lernt Felix die Differenz zwischen dem schönen Schein (Kunst) und der hässlichen Realität kennen. Krull ist dem Künstler trotzdem dankbar, denn er hat durch ihn sein eigenes Lebensziel erkannt: »Wieviel Bewunderung gebührt ihm nicht für das, was ihm heute gelang und offenbar täglich gelingt!« (S. 36) Fortan möchte der Hochstapler auch von seinem Publikum so verehrt werden. Er ist zwar ein hübscher Knabe im Unterschied zu Müller-Rosé, aber seine Schattenseite ist seine moralische Verkommenheit. Felix verfeinert seine Kunst, die er auch als erotische versteht, nach und nach: Er möchte ein perfekter Hochstapler (Künstler) werden.

Felix Krull, der Narzisst

Felix stand »mehrmals nackend Modell« (S. 26) für den malenden Schimmelpreester. Sein Pate und er selbst sind begeistert von seinem jungen Knabenkörper: »Hierbei erntete ich viel Lob von seiten des Künstlers, denn ich war überaus angenehm und göttergleich gewachsen, schlank, weich und doch kräftig von Gliedern, goldig von Haut und ohne Tadel in Hinsicht auf schönes Ebenmaß.« (S. 26) Er ist fest davon überzeugt, dass er sich schöner als der Durchschnittsmensch fühlt, eben der »Dutzendware« (S. 15). Wie der antike Hirtenknabe Narziss verliebt sich Krull hoffnungslos in sein Spiegelbild.

Schönheit und Selbstbewusstsein

Seine Schönheit stärkt sein Selbstbewusstsein und so gelingt es ihm damit – sowie mit seinen exzellenten Manieren und seiner rhetorischen Eloquenz –, in höhere Kreise zu gelangen: Die adeligen Marquis de Venosta und Lord Kilmarnock sind von ihm begeistert. Außerdem spiegelt sich Felix selbstverliebt in allen Schönheiten der Welt. Alles dreht sich um sein Ego, das allerdings nicht krankhaft ist: »Krulls Selbstliebe ist nicht pathologisch angelegt, nicht die Bedingung seines Scheiterns, sondern der Grund des Gelingens. Die libidinösen Energien, die Krull nicht auf das Objekt, sondern auf sich selbst richtet, stehen im Dienst seiner Selbsterhaltung und Selbstentfaltung.«[19]

Spielarten der Ironie

Auch wenn Thomas Mann durchweg als Verfasser ironischer Prosa gilt, darf nicht vernachlässigt werden, dass seine Texte unterschiedliche Arten der Ironie

19 Frizen (s. Anm. 1), S. 54.

zeigen. Die Grundhaltung ist sicherlich *ein Erzählen, in dem nichts so gemeint ist, wie es gesagt wird.* Es wird etwas Beiläufiges oder Fehlerhaftes gesagt, dessen Wichtigkeits- und Wahrheitsgehalt dem Leser aber durch Negation erkennbar ist. Oft ist das Gegenteil des Gesagten gemeint. Hinter einem Kompliment kann sich eine Boshaftigkeit (etwa gegenüber dem Hoteldirektor, S. 150 ff.) oder hinter einer Gehässigkeit (etwa Zouzous, S. 329) ein Kompliment verbergen.

Stanko und Krull: Kleinkriminelle

Wenn der Kleinkriminelle Stanko, der Krull gerade seinen Anteil am Taschenraub abgepresst hat, zu Krull, der soeben Stanko um seinen verabredeten Anteil betrogen hat, feststellt: »Wir sind beide anständige Kerle« (S. 174), so ist dieser Satz ebenso offensichtlich falsch wie er umgekehrt zutreffend ist, weil die Gaunerehre der beiden dem jeweils anderen die Wahrung des Scheins und Betrugsgeschäfts zugesteht. Wenn indessen Professor Kuckuck Krull als »Seelilie« (S. 273) bezeichnet, so ist für den mit dem Doppelspiel Krulls vertrauten Leser erkennbar, dass dieser Ausdruck Kuckucks unfreiwillig und unwissentlich diesen Umstand allegorisch ganz exakt fasst. Der Zufall ist ironischerweise zutreffend.

Humane Ironie

In den letzten, 1950–54 geschriebenen Kapiteln des Romans haben sich die Ironie und ihr Einsatz gewandelt. Es ist gewissermaßen Thomas Manns humane Ironie, mit der er *über* die Figur Felix Krulls ein Einverständnis mit dem Leser herstellt, indem er Felix dummes Zeug reden und ihn dabei komisch und inkompetent erscheinen lässt – und zugleich wahr.

Die Audienz beim König

Die Audienz bei Dom Carlos I. ist geeignet, dieses Verfahren aufzuzeigen. Krull berichtet in einem Brief an seine fiktiven Eltern über diese Audienz, so dass zu der Perspektive des berichtenden Hochstaplers noch jene des immanenten Lügners hinzukommt, der in seinem Schreiben die Adressaten bewusst täuschen will, was er auch zugibt (S. 354). Das Gespräch mit dem glücklosen König hat drei Themen, die bereits durch ihre egalisierte Darstellung gleich gewichtet sind: eine von Übertreibungen und Nichtigkeiten strotzende Schmeichelei über das Land Portugal; eine Rede über die Bedeutung von Ungleichheit und Monarchie; und die Schnurre über ein seinen Harn- und Kotdrang nicht regulierendes Schoßhündchen. Alles hat die gleiche Wertigkeit, auch das früher einmal hochstapelnd-empört abgelehnte »Vergnügen an der Zote« (S. 52) – was bereits eine Infamie gegen den ernsthaft-politischen Inhalt des Mittelteils ist. Thomas Mann lässt einen Hochstapler eine Lobrede auf die Monarchie halten, die die Ungleichheit der Menschen als naturgegeben rechtfertigt und als »glorreiches Land« (S. 348) charakterisiert. Wenn aber ein Lügner etwas lobt, dann gilt das Gegenteil: so der ironische Gestus dieser Verteidigung der Ungleichheit. Wer will schon von einem Hochstapler gelobt werden? Nur ein Dümmling, ein Ignorant wie der König, der die offensichtlichen Schmeicheleien und verqueren Argumentationen Krulls amüsant, ja sogar »charmant« (S. 353) findet, und weder die plumpen Elogen auf sein von ihm regiertes Land durchschaut noch die

Banalität der Hundegeschichte als unwürdig empfindet.

Der Inhalt von Krulls Lobrede wirkt um so entlarvender, als der zeitgenössische Leser mit dem Schicksal des realen Königs vertraut gewesen sein dürfte, der an der Bewältigung politisch-sozialer Probleme scheiterte und schließlich ermordet wurde; mit ihm geht die Monarchie des einstmals weltbeherrschenden Portugal zu Ende. Für den Leser bedeuten Krulls Lobhudeleien indirekt eine vernichtende Kritik an den letzten Versuchen einer europäischen Monarchie, undemokratische Machtansprüche zu verteidigen. Ihre Repräsentanten scheinen es nicht einmal zu bemerken, wenn sie von einem daherschwadronierenden Hochstapler hinters Licht geführt werden. Nicht Krull ist in diesem Kapitel ironisch, sondern die Anlage der Erzählsituation, bezogen auf einen Inhalt ist es.

Schicksal des realen Königs

Was versteht Felix Krull unter einem »Genre«?

Lord Kilmarnock wirbt um Krull als Begleiter, mit dem Versprechen, ihn gegebenenfalls zu adoptieren. Krull mag dies glauben oder nicht, aber seine Antwort lautet, dass der Lord gar nicht ihn, sondern sein »Genre« (S. 230) begehre, die Begierde »könnte ebensogut auf einen anderen gefallen sein« (S. 230). Ist damit aber nicht, am zufälligen Beispiel einer völlig individuellen Obsession, das Grundproblem modern funktionierender Gesellschaften schlechthin angesprochen, die die Menschen nur noch als Genres, als Rollen, als

Funktionsträger – kurz: als austauschbare Mittel zu einem durchsichtigen Zweck ansehen? Sei es nun der Zweck, alles sexueller Begierde oder sei es der Zweck, alles ökonomischer Berechnung zu unterwerfen? Krull benennt so jene Entwertung des einzelnen Menschen zum Vertreter eines Genres, zum Begriff, letztlich zum Humankapital, das eines der zentralen Strukturmerkmale der modernen Gesellschaft ausmacht. Die Erwartung, dass »jeder […] nur einmal da« (S. 230) sei, wird für den Leser als Illusion erkennbar, wenn der narzisstisch geprägte Hochstapler bemerkt, dass eine *nur* durch Begierden, Berechnungen oder Zwecke bestimmte Welt keinen Platz mehr haben wird für den einmalig Einzelnen? Der Hochstapler fürchtet um seine Individualität und stößt dabei auf das Problem, dessen ›Lösung‹ schon bald in Europa dazu führen wird, jedwede Abweichung von politisch gesetzten Zwecken und Normen zu vernichten.

Biografische Lesart

Methodisch ist es legitim, literarische Texte vor dem Hintergrund der Autorenbiografie zu interpretieren, in der Schule ist das üblich. Autor und Werk stehen indes nicht selten in einem asymmetrischen Verhältnis. Das welthaltige Kunstwerk erfährt oft eine Eigendynamik, die nichts oder kaum noch etwas mit dem Autor zu tun hat. Es ist daher nicht zwingend logisch, dass die Wechselbeziehung zwischen Werk und Biografie erkenntniserweiternd ist. Franz Kafkas

Biograf Reiner Stach hat ausdrücklich auf dieses Problem hingewiesen: »Sätze von der Form ›Die Tatsache X und die Person Y haben das Werk Z beeinflusst‹ oder ›Das Werk Z hatte im Leben des Autors Y die Funktion X‹ sind von derart leerer Allgemeinheit, dass es sich von selbst verbieten sollte, bei solchen Aussagen stehen zu bleiben«[20].

Rund 50 Jahre nach der Erstveröffentlichung des Romans setzen sich Journalisten und Literaturwissenschaftler immer noch mit dem *Felix Krull* auseinander. So erschien am 9. Dezember 2006 in der *Neuen Zürcher Zeitung* Martin R. Deans Artikel »Der Flügelschlag eines brasilianischen Schmetterlings«. Dean vertritt die Ansicht, dass Thomas Mann aus seinem Felix Krull bewusst einen Weltbürger macht und somit seinen eigenen Familienstammbaum in Krull einfließen lässt. Das »Weltbürgertum« seiner Mutter Julia, eine gebürtige Brasilianerin mit deutschem Vater, habe Mann ein Leben lang beschäftigt. Krull mache auch ihn zum Weltbürger: »Der Roman musste Fragment bleiben, weil die Reise Krulls hinaus in die Welt immer mehr zu einer geheimen Rückfahrt wird. […] Louis de Venosta, in dessen Haut sich Felix Krull begibt, trägt den zweiten Vornamen von Thomas Manns Bruder Heinrich und seines Grossvaters Bruhns: Luiz, doch nun französisch geschrieben. Im Namen von Krulls Doppelgänger also bewahrt der Autor die Muttererinnerung.« Dem Roman fehle das Ende, weil

Biografischer Bezug

20 Reiner Stach, *Kafka. Die Jahre der Entscheidungen*, Frankfurt a. M. 2002, S. 204.

Mann im eigenen Leben die Überfahrt von Lissabon nach Brasilien nie angetreten habe. Im Zentrum der »Mannschen Intention« stehe aber die »Selbstfindung Krulls als Weltbürger«. »Thomas Manns Weltbürgertum zeichnet sich [...] durch eine an der Welt erfahrene Anreicherung der Identität« aus.

7. Autor und Zeit

Thomas Mann wird am 6. Juni 1875 in Lübeck als Sohn des Kaufmanns und Senators Thomas Mann und seiner Frau Julia, geborene da Silva-Bruhns, als zweites von fünf Kindern geboren.

■ Kindheit, Jugend und junger Erwachsener

1891 Tod des Vaters; das Elternhaus (das später sogenannte »Buddenbrook-Haus«) und die väterliche Firma werden verkauft, Thomas Mann erhält eine Leibrente.

1893 schwieriger Schulbesuch in Lübeck; Abschluss mit Mittlerer Reife, dem damals sogenannten ›Einjährigen‹, da statt der üblichen drei Jahre nur ein Jahr Militärdienst abzuleisten war.

1894 Übersiedlung zur Mutter nach München, Volontär bei einer Versicherungsgesellschaft.

1895/96 unregelmäßiges Studium an der Technischen Hochschule München; gelegentlich extrem konservative Beiträge für Zeitschriften, bei denen sein älterer Bruder Heinrich mitarbeitet.

1895/98 Aufenthalt der beiden Brüder in Rom.

1898/99 Rückkehr nach München, Lektor bei der angesehenen Satire-Zeitschrift *Simplizissimus*. Beginn der Arbeit am Roman *Buddenbrooks*.

1900 Einberufung zum einjährigen Militärdienst,

der auf eindringliches Anraten der Mutter durch Vortäuschung eines Leidens nach drei Monaten ausgesetzt wird.

1901 Der Roman *Buddenbrooks* erscheint, ein weltweiter Erfolg. Erzählt wird zwar die Verfallsgeschichte einer Familie, allerdings mit dem Ziel, den kleinen, immer müden Hanno als Künstlerfigur einer Endzeit darzustellen. Es gibt mehrere Hochstaplerfiguren im Roman: den Heiratsschwindler Bendix Grünlich; Christian Buddenbrook, der vortäuscht, ein solventer englischer Kaufmann zu sein – ein gescheiterter Lebenskünstler, dessen Interesse an Kunst oberflächlich und parodistisch ist.

■ Der Erfolgsschriftsteller

1903 erscheint die Novellensammlung *Tristan*, deren Texte das Verhältnis von Künstler und Bürger, Kunst und Leben thematisieren.

1905 Heirat mit Katharina (»Katia«) Pringsheim, Tochter aus einem angesehenen und begüterten Elternhaus. Sechs Kinder: Erika (1905–1969), Klaus (1906–1949, Freitod), Golo (1909–1994), Monika (1910–1992), Elisabeth (1918–2002), Michael (1919–1977, Freitod).

1905 werden die von Paul Langenscheidt redigierten Memoiren des Hochstaplers Georges Manolescu *Ein Fürst der Diebe* publiziert, die Thomas Mann für seine Arbeit nutzte.

1906 soll die Novelle *Wälsungenblut* erscheinen, in der von einer Geschwisterliebe erzählt wird; Thomas Mann zog die Novelle auf Bitten der Schwiegereltern zurück. Sie wurde schließlich 1921 veröffentlicht.

1909 erscheint der Roman *Königliche Hoheit.* Im Verlauf der Handlung täuscht die fürstliche Hauptperson amerikanische Interessenten über den maroden Zustand seines Landes.

1910 Vorarbeiten zum *Felix Krull* beginnen.

1912 Die Novelle *Tod in Venedig* schildert die Schaffenskrise eines homophilen Schriftstellers.

1913 bricht Thomas Mann die Arbeit am *Felix Krull* ab. Der Typus des Hochstaplers erscheint ihm nicht mehr zeitgemäß.

1918 Großessay *Betrachtungen eines Unpolitischen,* in dem Thomas Mann seine konservative Haltung entfaltet; Bruch mit dem inzwischen politisch linksstehenden Bruder Heinrich.

1922 Essay *Von deutscher Republik,* ein Bekenntnis zur Weimarer Republik und Demokratie; Versöhnung mit dem Bruder.

Engagement für die Demokratie

1922 erste Buchausgabe einiger Fragmente der *Bekenntnisse des Hochstaplers Felix Krull. Buch der Kindheit.*

1924 Im Roman *Der Zauberberg* gelingt Thomas Mann das geistige, seelische und soziale

Abb. 7: Thomas Mann im Hotel Adlon in Berlin 1929 vor der Weiterreise nach Stockholm zur Entgegennahme des Nobelpreises. –

	Porträt der wilhelminischen Endzeitgesellschaft.
1926	Beginn der Arbeit an der Romantetralogie um den biblischen *Joseph und seine Brüder*, an der Thomas Mann u. a. reizt, eine faktengesättigte Geschichte über eine nicht dokumentierte Begebenheit zu schreiben.
1929	Nobelpreis für Literatur.
1930	ausgedehnte Reisen. In der Erzählung *Mario und der Zauberer* beschreibt Thomas Mann die manipulative Verführungskraft eines Zauberkünstlers.
1933	Emigration aus dem nationalsozialistischen

Deutschland, zuerst nach Frankreich, dann in die Schweiz, schließlich (1938) in die USA.

■ Emigration und Politisierung

1936 Aberkennung der Deutschen Staatsbürgerschaft durch das nationalsozialistische Regime.

1936 Am 19. Dezember beschloss die Universität Bonn, Thomas Mann die Ehrendoktorwürde, die ihm 1919 verliehen wurde, abzuerkennen.

1939 Roman *Lotte in Weimar* über ein fiktives Zusammentreffen Goethes mit seiner Jugendliebe.

1940 Thomas Mann formuliert in zahlreichen Radiosendungen scharfe Angriffe auf das nationalsozialistische Deutschland.

1944 amerikanische Staatsbürgerschaft.

1947 erste Europareise nach dem Krieg. Erscheinen des Romans *Doktor Faustus. Das Leben des deutschen Tonsetzers Adrian Leverkühn, erzählt von einem Freunde.* Fiktive Biografie über das Schuldigwerden eines Künstlers vom Ende des 19. Jh.s bis zum Ende des Zweiten Weltkrieges. Die *Entstehung* des Romans wird in einem eigenen Roman beschrieben.

■ Rückschau, Spiel und Sorge

1949 erste Besuche Deutschlands nach dem Krieg.

1951 Der Roman *Der Erwählte* erscheint: ironisierte Darstellung eines schicksalhaft-unbewussten Inzestes der Protagonisten in der mittelalterlichen Welt.

1952 Rückkehr nach Europa, neuer Wohnsitz in der Schweiz, vielerlei Ehrungen und Auszeichnungen.

1954 Der Roman *Bekenntnisse des Hochstaplers Felix Krull* erscheint.

1955 12. August: Tod in Zürich.

1957 Der auf Lustspiele spezialisierte Regisseur Kurt Hoffmann verfilmt die *Bekenntnisse des Hochstaplers Felix Krull* mit Horst Buchholz in der Hauptrolle.

■ Die Entstehung des Romans

Von 1910 bis 1954 schrieb Thomas Mann am Manuskript des *Felix Krull*, mit vielen langen Unterbrechungen. Der Roman, so wie er heute in Buchform vorliegt, hat eine lange Editionsgeschichte: Es wurden einzelne Kapitel veröffentlicht, aber auch überarbeitete oder frühere Versionen; oft wurden biografische Bezüge gemildert oder getilgt.

Thomas Mann hat mehrere Kapitel des Romans für die damals populäre Form der Schallplatte selbst eingelesen, u. a. die von ihm sehr geschätzte *Musterungsszene* und das *Gespräch mit Prof. Kuckuck*.

Zeithorizont

■ Die deutsche Reichsgründung

Nach dem Deutsch-Französischen Krieg 1870/71 schlossen sich die süddeutschen Staaten mit dem Norddeutschen Bund zum *Deutschen Reich* zusammen, an dessen Spitze der preußische König als Deutscher Kaiser stand.

Deutschland und Frankreich stilisierten sich, z. B. durch öffentliche Feiertage wie den Sedantag, als Erbfeinde. Krulls Nähe zur französischen Kultur, seine Liebe zur französischen Sprache sind untypisch für den deutschnationalen Geist jener Jahre vor dem Ersten Weltkrieg.

Deutschland wandelte sich nun von einer Agrar- zu einer weltweit exportierenden Industrienation (Aufdruck »Made in Germany« ab 1887). Der Besitz an Kapital und Eigentum wird zum entscheidenden Kriterium des sozialen Rangs. Die Stimmabgabe bei Kommunal- und Landtagswahlen wurde nach Steuerleistung gewichtet. Der neue, bürgerliche Mittelstand kämpfte um politischen und gesellschaftlichen Einfluss, orientierte sich aber an den Lebensformen, der Kultur und den Idealen des traditionellen Adels. Dieser war und blieb politisch wie gesellschaftlich dominant. Dass der Erzähler Krull aus einer bürgerlich gescheiterten Kleinunternehmerfamilie aus dem Rheingau stammen lässt, markiert, dass sein Elternhaus weit außerhalb der preußischen Oberschicht angesiedelt sein sollte. Er würde keine Chance haben, in die maßgeblichen Schichten aufzusteigen, für die er sich auserwählt fühlt.

■ Adel und Bürgertum

Der wohlhabenden Oberschicht standen 70 % der ärmeren Bevölkerung gegenüber, besonders die Zahl der Industriearbeiter und des Dienstpersonals wuchs. Erst langsam vergrößerte sich der soziale Stand der Angestellten in der politischen Administration oder betrieblichen Verwaltung: Krull charakterisiert sie in

■ Soziale Schichtung

ihren Tätigkeiten als Zugschaffner oder Beamte des Zolls.

Die Folge des Krieges und des politischen Zusammenschlusses war eine positive Wirtschaftsentwicklung bisher unbekannten Ausmaßes (»Gründerzeit«), die auch die politische Etablierung Deutschlands als europäische Großmacht begründete. Die relative politische Sicherheit, die günstige Wirtschaftslage sowie Entdeckungen in der Nahrungsmittelproduktion und Medizin (seit 1896 Impfungen gegen schwere Infektionskrankheiten) führten zu einem rasanten Bevölkerungswachstum, so dass Deutschland nach China, Russland (und später den USA) mit 65 Millionen Einwohnern zur damals bevölkerungsreichsten selbständigen Nation wurde.

Technisierung der Lebenswelt

Der neue Wohlstand dieser Epoche zeigte sich besonders in den Großstädten wie London, Wien, Paris oder Berlin, aber auch an den Romanschauplätzen Frankfurt (»einer so reichen und prächtigen Handelsstadt«, S. 77) oder Lissabon (»einmal die reichste Stadt der Welt«, S. 271): Die berühmten und mit Stuck verzierten Gründerzeit-Villen entstanden, in die alten Stadtstrukturen wurden Prachtstraßen und breite Boulevards eingezogen, auf denen die Bürger flanierten. Einzelhandels- und Kolonialwarengeschäfte (Krulls Beschreibung, S. 48) sowie die ersten Warenhäuser, in denen alles zu jeder Zeit zu bestaunen und zu kaufen war, siedelten sich an: »Der Reichtum der Gesellschaften, in welchen kapitalistische Produktionsweise herrscht, erscheint als eine ›ungeheure Warensammlung‹«: Mit dieser Aussage beginnt Karl Marx 1867 seine Analyse der kapitalistischen Gesellschaft. Es entstanden großzügig geplante Bahnhöfe, Omnibus- und Straßenbahnlinien, prächtige Theater und Musikhallen, elegante Restaurants und große Hotels mit verschwenderisch ausgestatteten Empfangshallen für das internationale Publikum sowie erste Attraktionen speziell für Touristen. Die regelmäßigen Weltausstellungen und Museen dokumentierten den kulturellen und technischen Fortschritt.

Urbanisierung

Der rasante Umbau der Wirtschaft führt zu einer massenhaften Landflucht, da die Großstädte Arbeitsplätze bis hin zur Vollbeschäftigung (um 1900) anbieten konnten. Die Einwohnerzahlen der großen Städte Europas spiegeln diese Entwicklung: Frankfurt wächst von ca. 56 000 (1849) auf 414 000 (1910) Einwohner; Paris von 1 Million (1846) auf 3 Millionen (1910) und Lissabon von 170 000 (1849) auf 300 000 (1900) Einwohner. Die in den Städten schnell errichteten, einfachen Massenunterkünfte für die ärmeren Bevölkerungsschichten gewährten nicht genügend Platz. Daher wurden Wohnungen untervermietet, kleinste Pensionen oder auch Privatleute boten verschmutzte und von Ungeziefer befallene Schlafplätze auf beengtem Raum an (Krull schildert so ein »Absteigequartier«, S. 77–81). Die Arbeitsbedingungen waren schlecht, die Bezahlung der Arbeiter und Dienstleistenden reichte gerade zum Leben: Auch Krull schläft im Hotel in einem Mehrbettzimmer und erhält anfangs außer Kost und Logis keine Bezahlung. Krankenversicherung oder Sozialhilfe gibt es nicht, was zur völligen Verelendung führen kann – ein Nährboden für Kleinkriminalität wie Diebstahl, Hehlerei oder Prostitution, aber auch Drogensucht. Erst langsam profitiert auch der größere Teil der Bevölkerung in Deutschland vom Wohlstand der Nationen: So verdoppelte sich im Deutschen Reich die reale Kaufkraft des Einkommens der Arbeiterschaft zwischen 1871 und 1914. (Krull erlebt im Pariser Hotel diesen Aufstieg im Zeitraffertempo.) War Deutschland bis 1895 Auswanderungsland, so brauchte nun die stark expandierende Wirtschaft mehr Arbeitskräfte, als in Deutschland vorhanden waren. Deutschland wurde zum Einwanderungsland – in der Prostituierten Rozsa spiegelt der Roman diese Entwicklung.

Eine Infragestellung dieser sozialen Ordnung erfolgte nur von der oppositionellen Seite der Sozialdemokratie und von der langsam entstehenden Gewerkschaftsbewegung. Mit den Sozialistengesetzen (1878–90) wollte die Reichsregierung die angeblich »gemeingefährlichen Bestrebungen der Sozialdemokratie« eindämmen.

Militarismus

Die feste Hierarchie des Militarismus wurde zum Ab- und Vorbild dieser Gesellschaft, in der es klare Rangstufen gab, jeder einem bestimmten Platz zugeordnet ist, Regeln vorfindet und Befehle bekommt, die ihm vorschreiben, was er zu tun hat.

Die sozialen Rollen der Besitzenden und Besitzlosen schienen in den Jahren zwischen Reichsgründung und Erstem Weltkrieg ebenso fraglos zu gelten wie die Gewohnheiten und der Habitus der jeweiligen Schicht. Die Kleidung war ein deutlich sichtbarer Indikator des sozialen Standes, ebenso wie das Benehmen und die Sprache. In seinem Theaterstück *Pygmalion* (1913 Welturaufführung im Wiener Burgtheater) zeigt Bernard Shaw (1856–1950), welche Bedeutung diese Indikatoren haben. Englisch gilt als die Sprache der Ökonomie, der Technik und des Sports, Französisch als Sprache der Kultur, der Literatur und der Salons.

■ Sozialer Habitus

Zum Habitus gehören der Familienstand und die Wahrung des äußeren, besonders des ehelichen Scheins. Die Geschlechterrollen sind sozial ganz deutlich durch Äußerlichkeiten markiert. Im Deutschen Reich konnte Ehebruch seit 1871 laut Reichsstrafgesetzbuch § 172 mit Gefängnis bestraft werden. In den romanischen Staaten Europas war der Ehebruch von Frauen Scheidungsgrund; der Ehebruch von Männern nicht. Die Zuhälterei war nach § 181a des *Reichsstrafgesetzbuchs* strafbar. Solange sexuelle Eigenheiten verschwiegen blieben und damit die sichtbare Ordnung nicht in Frage stellten, waren sie möglich – besonders für die Männer der Oberschicht.

■ Privatleben

1872 wurde im Deutschen Reich § 175 eingeführt, der die als »widernatürliche Unzucht« bezeichnete Homosexualität sogar mit Gefängnisstrafen ahndete. Zwar hatten einzelne Publizisten gegen die strafrechtliche Verfolgung Homosexueller angeschrieben; aber diese Versuche blieben ebenso erfolglos wie die Bemühungen des 1897 gegründeten Wissenschaftlich-humanitären Komitees (WhK), das die Auffassung ver-

■ Homosexualität

trat, dass Homosexualität angeboren sei. Berühmt wurde der Komitee-Vorsitzende Magnus Hirschfeld (1868–1935), der bis 1897 6 000 Unterschriften gegen § 175 gesammelt hatte und die Sozialdemokratie als politischen Mit-Akteur gewinnen konnte. Von 1907 bis 1909 fanden die Prozesse der Harden-Eulenburg-Affäre statt, in deren Folge die Verurteilungen wegen Homosexualität anstiegen. Der Publizist Kurt Hiller (1885–1972) veröffentlichte 1922 eine Aufsatzsammlung gegen § 175. Thomas Manns Sohn Klaus bekannte sich 1925 öffentlich zu seiner Homosexualität und veröffentlichte den Roman *Der fromme Tanz* (1926), der zu den frühen Romanen über Homosexualität gezählt wird. In Frankreich war die Homosexualität seit 1791 legalisiert, in England wurde sie bis in die 1950er Jahre verfolgt und bestraft.

Die Epoche zeigte kein Verständnis für Menschen, die außerhalb der gesellschaftlichen Sitten und Rechtsnormen leben – trotz einer Literatur, die die sozialen Ursachen der Kriminalität aufzeigte (Friedrich Schiller, Charles Dickens, Victor Hugo). Das Rechtssystem ahndete Verbrechen als Störung der sittlichen Ordnung.

■ Kriminalität

■ Massenunterhaltung

In den Gründerjahren Deutschlands entstand eine Zerstreuungs- und Unterhaltungsindustrie und ein kommerzielles Interesse am Sport; die Künste gehörten zum sozialen Habitus, sie sind der schöne Ausgleich des harten Alltags.

Die sich langsam durchsetzenden Naturwissenschaften sprengten die Vorstellung vom Menschen als Krone der Schöpfung: Mit Charles Darwins (1809–

1882) Schrift über *The Origin of Species* (1859) beginnt die Relativierung des Menschen, der nunmehr als naturbedingtes Lebewesen unter anderen Naturwesen betrachtet wird (Evolutionstheorie). Die Psychoanalyse Sigmund Freuds (1856–1939) will darüber hinaus nachweisen, dass das menschliche Handeln keineswegs nur rational gesteuert, sondern auch von einem *Unbewussten* beherrscht wird, also jenem Bereich, mit dem Krull rechnet und spielt.

■ Modernisierung und Entzauberung

Felix Krulls Audienz beim Portugiesischen König Dom Carlos I. (Kap. III,9) macht es nötig, hier einige historische Ereignisse aus der Geschichte Portugals zu erwähnen: In der Regierungszeit Dom Carlos' I. kam es, auch auf Grund von staatlicher Misswirtschaft, zu kolonialen Konflikten und zu einem starken Ansehensverlust der Monarchie. Die Öffentlichkeit schrieb diese nationale Demütigung der politischen Schwäche ihres Königs zu. 1891 führten erhebliche volkswirtschaftliche Probleme in einem der ehemals reichsten Länder der Erde zu einem Staatsbankrott, was nun die republikanische und sozialistische Opposition stärkte. Die extreme Armut führte zu zahllosen Aufständen. Der aus Hilflosigkeit vom König eingesetzte Ministerpräsident João Franco versuchte, mit Repressalien, Pressezensur oder Deportation gegen die Proteste vorzugehen – was die ökonomischen Probleme nicht behob, sondern zu einem weiteren Erstarken der Opposition und der Ablehnung der verschwendungssüchtigen Monarchie führte. Am 1. Februar 1908 wurden der König und sein Sohn Ludwig Philipp bei einem Attentat ermordet.

■ Portugal

8. Rezeption

Felix Krull begleitete Thomas Mann beinahe durch sein ganzes literarisches Leben. Bereits 1910 begann er mit der Niederschrift. Bevor er das Werk 1954 veröffentlichte, kam es zu etlichen Teilveröffentlichungen und Lesungen.

■ Welterfolg

Das Publikum war von dem Roman begeistert, obwohl Thomas Mann zunächst harsche Kritik befürchtete, schließlich strotzt der Roman vor erotischen Anzüglichkeiten. Drei Monate nach der Veröffentlichung, am 8. Januar 1955, schrieb der Autor an die Literaturwissenschaftlerin Käte Hamburger: »Nie habe ich mir träumen lassen, dass es ein solcher Treffer sein würde. Noch diesen Monat soll die 3. Auflage, bis zum 60. Tausend erscheinen, und die angelsächsischen Verleger, wie der französische und der italienische, haben so gute Berichte, dass ihnen der Mund wässert.«

■ Literaturkritiker

In der Nachkriegszeit schien es so, als habe man ein solches Werk herbeigesehnt. Alle großen Tageszeitungen und Literaturkritiker besprachen den Roman. Kurt Lothar Tank sprach im *Sonntagsblatt* vom 17. Oktober 1954 aus, was wohl viele Menschen dachten: »Das Zeitalter der Barbarei ist mit dem Untergang des dritten Reiches nicht zu Ende gegangen. Aber es scheint doch, daß sich die in ewiger Unruhe bewegte Welt jetzt eine kleine restaurative Besinnung gönnt.« Der *Weser-Kurier* adelte am 14. Oktober 1954 den Roman: »Man muß weit laufen in der Weltliteratur, um dergleichen noch einmal zu finden. Vermutlich wird man an sprachlicher Vollkommenheit auf diesem Felde nichts dergleichen treffen.« Der Journalist Richard Kirn lobte am 23. Oktober 1954 den »unvergleichlich(en)« Roman in der *Frankfurter Neuen Presse*: »Das Schlimmste an dem Buch ist, daß es auf Seite 442 aufhört, dabei glaubte man, just begonnen zu haben.«

Der DDR-Schriftsteller und Literaturwissenschaftler Eberhard Hilscher kritisiert 1955 – neben lobenden Worten – in seinem Text *Ein Künstler als Abenteurer* die Verfallserscheinungen des Bürgertums: »Diese satte, moralisch und geistig versumpfte, ständig von Krisen umwitterte Bürgerwelt begünstigt alles Blendwerk, allen Autoritätenkult, jede Sensation, die vom bedrohlichen Tagesgeschehen ablenkt, eröffnet den Nichtstuern und weltgewandten Aristokraten freie Bahn und denkt mit Schaudern an die gesellschaftlichen Umwälzungen, die sich anbahnen. Der Hochstapler macht sich diese verkommenen Zustände zunutze«.[21]

Verfilmung: 1957

Wenige Monate nach Veröffentlichung arbeitete der S. Fischer-Verlag an der Verfilmung des Romans. Erika Mann und Robert Thoeren verfassten das Drehbuch; ihr Kollege sollte den fehlenden Schluss des Romans ergänzen, er schrieb ein Happy End á la Hollywood: »Der Hochstapler muss als des Mordes verdächtiger Marquis de Venosta ins Lissabonner Gefängnis, aus

21 Eberhard Hilscher, *Ein Künstler als Abenteurer*, in: *Neue deutsche Literatur* 3 (1955) H. 5, S. 131–142, S. 138.

dem er sich mit einem Starrkrampfpülverchen ›scheintot‹ herausschwindelt. Im Labor von Professor Kuckuck springt er von der Bahre und kann dann – mit Zaza – in die Welt hinaussegeln.«[22] Die Regie übernahm Kurt Hoffmann, der sein Publikum bisher mit Komödien begeistert hatte. Die Verfilmung überzeugte und wurde 1957 mit dem Deutschen Filmpreis sowie 1958 in den USA mit dem Golden Globe als bester ausländischer Film ausgezeichnet.

Fünfteilige Filmserie

1981 wurde der Roman unter Regie von Bernhard Sinkel für eine fünfteilige Fernsehserie des ZDF erneut verfilmt. Sinkel und Alf Brustellin schrieben das Drehbuch dazu. Die Kritik war, anders als bei der ersten Verfilmung, größtenteils negativ.

Verfilmung 2021

2021 erschien eine dritte Verfilmung des Romans im Kino. Regie führte Detlev Buck, das Drehbuch schrieb der Schriftsteller Daniel Kehlmann. Gunda Bartels warf Buck im *Tagesspiegel* (1. September 2021) in ihrer Rezension *Entkleide mich, du kühner Knecht* Effekthascherei vor: »Angesichts der Faszination, die das flirrende Hochstapler-Motiv in Filmen wie ›Der talentierte Mr. Ripley‹ oder ›Catch Me If You Can‹ verströmt, ist enttäuschend (das ist die schlechte Nachricht), was für einen ranzigen Kostümfilm Detlev Buck inszeniert hat. Allerdings zeigt sich bei der erneuten Lektüre des ›Felix Krull‹, den man als Gymnasiastin mal sehr amüsant fand, dass das auch an der Vorlage liegt, die in ihrer Manieriertheit heute reichlich verzopft klingt.«

22 Mann (s. Anm. 4), S. 214.

Abb. 8: Liv Lisa Fries als Zaza mit Jannis Niewöhner als Felix Krull in einer Szene aus Detlev Bucks Verfilmung des Romans von Thomas Mann – © picture alliance/dpa/Warner Bros/ Bavaria Filmproduktion

Wenke Husmann lobte in der *Zeit* (1. September 2021 in seiner Rezension *So etwas Herrliches war selten im Schultheater zu sehen*) insbesondere die beiden Hauptdarsteller Jannis Niewöhner, der den Felix Krull spielte, und Liv Lisa Fries, die in der Rolle der Zaza überzeugte: »Sie ist eine selbstbewusste Prostituierte, die selbstbestimmt zu handeln versucht – selbst als sie an die Grenzen stößt, in die sie ihre ökonomische Abhängigkeit zwingt. Diese Zaza ist das große Glück für den Film: Sie gibt ihm nicht nur ein ernsthaftes *love interest* und einen zusätzlichen Spannungsbogen, sondern dank Fries auch einen echten Menschen im Kreis so vieler oberflächlich chargierender Figuren.«

9. Wort- und Sacherläuterungen

8,3 f. **»c'est ca«, »épatant« ... »parfaitement« ...:** frz. ›»so ist es«, »prima« ... »perfekt«‹.

8,4 f. **Ich goutiere das:** Ich begrüße das.

9,15 **Lorley extra cuvée:** erstklassiger französischer Schaumwein.

9,35 **Coiffure:** Bezeichnung für die Gestaltung von Sektflaschen.

10,2 **Bullen:** urkundliche Beschlüsse des Papstes oder Kaisers.

10,19 **Krätzer:** saurer, zweitklassiger Wein, der im Hals kratzt.

13,25 **Kaiser:** Gemeint ist Kaiser Wilhelm I. (1871–1888).

14,3 **Reverenz:** Respekt.

20,5–9 **»Berncastler Doktor« ... »Grand vin Château Margaux« ... »Grand cru Château Mouton Rothschild«:** Weinsorten von höchster Qualität.

22,6 **Potpourris:** Musikstücke, die aus verschiedenen Melodien zusammengesetzt sind.

25,8 f. **Phidias ... Pheidias:** antiker Bildhauer (ca. 490–420 v. Chr.), wichtiger Vertreter der griechischen Hochklassik.

26,26 **Kalabreser:** breitkrempiger Hut mit spitz zulaufendem Kopf, kommt ursprünglich aus Kalabrien.

26,26 f. **Abbé der Puderzeit:** Geistlicher des 18. Jh.s, einer Zeit, in der Puderperücken getragen wurden.

26,27 **Beffchen:** rechteckige Halsbinde, die bei Geistlichen aus dem Kragen herausragt.

38,33 **Anger:** veralteter Begriff für Weide oder Wiese.

57,13 **zweifarbigen Ehrenkleides:** Uniform.

61,2 **Äolsharfe:** Harfe, die vom Wind angetrieben wird.

61,6 **Hellebarden:** Waffen. Hellebarde: Kombination aus Spieß und Axt.

65,34 f. **Tournure:** elegante Erscheinung sowie Geisteshaltung.

74,32 **Politur:** hier: Benehmen und Lebensführung.

80,26 **Tagdieberei:** Faulenzerei.

83,17 **Nécessaires:** Nécessaire: Beutel oder Köfferchen zur Aufbewahrung von Hygieneartikeln.

83,18 **Futterale:** Behälter zum Schutz empfindlicher Gegenstände.

92,20 **Kurhauskolonnaden:** lange Säulenhallen.

93,32 **Chargierten:** Schauspieler.

97,24 **Konskribierte:** Konskribierter: jemand, der sich zum Wehrdienst eingeschrieben hat.

114,7 **Habit:** Tracht einer Ordensgemeinschaft.

115,30 **Phrynen:** Phryne war eine berühmte Edel-Prostituierte aus dem antiken Griechenland. Sie hatte ein Verhältnis mit dem Bildhauer Praxiteles und stand für seine berühmte Plastik »Aphrodite von Knidos« Modell.

116,34 **Ridikül oder Pompadour:** Damenhandtäschchen mit Stickereien und Bändern in Beutelform.

117,22 **kordialische Art:** freundliche Art (Kordialität: Freundlichkeit).

126,25 **Kroppzeugs:** Steht hier abwertend für Menschen, die sich vermeintlich asozial benehmen.

129,12–30 **»Bonsoir … patriote français!«:** frz. ›»Guten Abend, Herr Kommissar! […] Ich stehe ganz zu Ihrer Verfügung mit allem, was ich besitze. Sehen Sie in mir einen sehr ehrlichen jungen Mann, der dem Gesetz zutiefst ergeben ist und der überhaupt nichts zu verzollen hat. Ich versichere Ihnen, dass Sie noch nie ein harmloseres Gepäckstück durchsucht haben.« […] »So […]. Sie scheinen mir ein komischer Kauz zu sein, aber Sie sprechen ziemlich gut Französisch. Sind Sie Franzose?« »Ja und nein […]. So ungefähr. Halb und halb, wissen Sie. In jedem Fall bin ich ein leidenschaftlicher Bewunderer Frankreichs und ein unversöhnlicher Gegner der Annexion von Elsass-Lothringen.« […] »Mein Herr, […] ich halte Sie nicht länger auf. Schließen Sie Ihren Koffer und reisen Sie weiter in die Hauptstadt der Welt mit den besten Wünschen eines französischen Patrioten.«‹

132,14 **Dieu vous bénisse, mon enfant!:** frz. ›Gott segne Dich, mein Kind!‹

134,16 **Kontributionen:** Geldbetrag, hier Trinkgeld.

134,29 **Étonnant!:** frz. ›Erstaunlich!‹.

134,33 f. **Bureau de réception:** frz. ›Rezeption‹.

134,35 **Monsieur le concierge:** Concierge: jemand, der das Kommen und Gehen in einem großen Hotel überwacht.

136,6 **L'employé-volontaire**: Volontär: eigentlich ein Mitarbeiter, der unentgeltlich arbeitet.

136,18 **Clientèle:** frz. ›Gäste‹.

138,1 **Dortoir:** frz. ›Schlafsaal‹.

140,32 **à jour:** frz. ›nach dem neuesten Trend‹.

143,29 f. **Ah, te voilà. Comme nous étions impatients que la boutique deviendrait complète!:** frz. ›Ah, da bist Du. Wie ungeduldig wir waren, ob der Laden voll wird!‹.

144,24 **Hé, beauté:** frz. ›Hallo, Schönheit‹.

145,8 **Cantine des employés:** frz. ›Kantine für die Mitarbeiter‹.

145,19 f. **pour le pauvre malade de numéro quatre:** frz. ›für den armen Kranken von (Zimmer) Nummer Vier‹.

145,22 **Pas encore équipé?:** frz. ›Noch nicht versorgt?‹

149,22 f. **Rue des Vierges prudentes:** frz. ›Straße der klugen Jungfrauen‹.

150,25 **C'est son sobriquet:** frz. ›Das ist ein Spitzname‹.

150,33 f. **Tu n'apprendras jamais ... de manier cette gondole:** frz. ›Du wirst es nie lernen ... den Aufzug zu bedienen‹.

150,35 **Pour toi je m'échaufferai!:** frz. ›Wegen Dir rege ich mich auf!‹.

151,3 **Tiens ... Un philosophe!:** frz. ›Hier ... Ein Philosoph!‹.

152,9 **Embonpoint:** frz. ›Übergewicht‹.

154,36–155,23 **Ah, voyons ... pas?:** frz. ›Ach so, Herr Generaldirektor [...], Sie fragen mich im Ernst, ob ich französisch spreche. Tausendmal Entschuldigung, aber das amüsiert mich. In der Tat, es ist mehr oder weniger meine Muttersprache – oder vielmehr meine Vatersprache, weil mein Vater – er ruhe in Frieden – in seinem Herzen eine fast leidenschaftliche Liebe für Paris nährte und jede Gelegenheit nutzte, um in dieser wunderbaren Stadt Halt zu machen, deren intimste Ecken und Winkel ihm vertraut waren. Ich versichere Ihnen: er kannte so abgelegene kleine Straßen wie zum Beispiel die Rue de l'Echelle au Ciel, kurzum, er fühlte sich in Paris zu Hause wie sonst nirgends auf der Welt.

Die Folge? Das ist die Folge: Meine eigene Erziehung war zu einem guten Teil französisch, und unter der Vorstellung von Konversation habe ich immer die Konversation in französischer Sprache verstanden. Ein Gespräch zu führen, das war für mich immer, sich auf Französisch zu unterhalten, und die französische Sprache, diese Sprache der Eleganz, der Bildung, des Geistes, sie ist die Sprache der Konversation, ja, die Konversation selbst … Während meiner gesamten glücklichen Kindheit hatte ich eine charmante junge Dame aus Vevey – Vevey in der Schweiz – als Gesprächspartnerin, die sich sorgfältig um den kleinen Jungen aus guter Familie kümmerte, und sie ist es auch, die mir französische Verse beigebracht hat, auserlesene Verse, die ich mir immer wieder aufsage, sobald ich die Zeit dafür habe, und die im wahrsten Sinn des Wortes auf meiner Zunge zerschmelzen – Schwalben meiner Heimat, / Erzählt ihr mir nicht von meinen Geliebten?‹.

155,31 f. **Je suis désolé … de maudire la poésie:** frz. ›Es tut mir leid, Herr Generaldirektor. Ich versuche eindringlich, die Poesie zu verfluchen‹.

156,10–15 **I certainly do, Sir. Of course … of every human being …:** engl. ›Das mache ich auf jeden Fall, Sir. Natürlich, Sir, selbstverständlich. Ich liebe es, Sir. Es ist eine sehr nette und angenehme Sprache, wirklich, sehr angenehm, Sir, sehr. Meiner Meinung nach ist Englisch die Sprache der Zukunft, Sir. Ich wette mit Ihnen um alles, Sir, dass Englisch in fünfzig Jahren die Zweitsprache von jedem Menschen sein wird …‹.

156,27–33 **Ma Signore, che cosa mi domanda? …:** ital.

›Mein Herr, wie können Sie mich das fragen? Ich bin in diese schöne Sprache ganz verliebt, sie ist die schönste der Welt. Ich brauche nur meinen Mund zu öffnen und schon wird er zur Quelle der ganzen Harmonie dieser himmlischen Sprache. Ja, mein Herr, für mich besteht kein Zweifel, dass die Engel im Himmel Italienisch sprechen. Unvorstellbar, dass diese gesegneten Kreaturen sich einer weniger musikalischen Sprache bedienen …‹.

157,5 **Ne me corrigez pas!:** frz. ›Korrigieren Sie mich nicht!‹

157,34 **Ça va sans dire, monsieur le …:** frz. ›Selbstverständlich, Herr …‹.

158,21–23 **Du reste, monsieur le directeur général … les paroles me manquent pour exprimer …:** frz. ›Außerdem, Herr Generaldirektor … mir fehlen die Worte um es auszudrücken …‹.

158,24 **C'est bien, c'est bien:** frz. ›Schon gut, schon gut‹.

158,35 f. **Et comme ça …:** frz. ›Und so bereitest Du Dich darauf vor, mein Kleiner, die hübschen Damen auf und ab zu fahren?‹

159,7 f. **Dans cet emballage … des jolies femmes:** frz. ›In dieser Verpackung wird die Ware die Aufmerksamkeit hübscher Frauen auf sich ziehen‹.

161,19 **Imbécile!:** frz. ›Schwachkopf!‹

162,27 **Horloger:** frz. ›Uhrmacher‹.

174,11 **Nom d'un chien!:** frz. ›Verflucht!‹.

174,26 **echauffiere dich nicht!:** echauffieren: aufregen.

174,35 **Embrassons-nous! Et bonne nuit!:** frz. ›Umarmen wir uns. Und gute Nacht!‹.

176,36 f. **Impudemment riche, tu sais:** frz. ›Unverschämt reich, weißt Du.‹

177,2 **Tant mieux pour elle:** frz. ›Schön für sie.‹

177,15 **Deuxième, n'est-ce pas, Madame?:** frz. ›In den Zweiten, nicht wahr, Madame?‹.

177,21 **Mais oui, deuxième ... Comment savez-vous?:** frz. ›Aber ja, in den Zweiten ... woher wissen Sie das?‹.

177,22 **Je le sais, tout simplement:** frz. ›Ich weiß es einfach.‹

177,28 **Trop aimable, Madame:** frz. ›Zu liebenswürdig, Madame.‹

177,33 f. **Je serais infiniment content ... votre oreille!:** frz. ›Ich würde mich unendlich freuen, Madame... wenn meine Stimme Ihr Ohr nicht beleidigen würde!‹

178,1 f. **C'est en effet une oreille ... qui est susceptible:** frz. ›Es ist in der Tat ein musikalisches und sensibles Ohr. Außerdem ist das Gehör nicht der einzige meiner Sinne, der empfänglich ist.‹

178,15 **Messing-Bettstatt:** Bett mit Messinggestell.

178,16 **Chaiselongue:** niedrige, gepolsterte Liege.

181,4 **Entrez?:** frz. ›Ja, bitte?‹, wörtl. ›Treten Sie ein‹.

182,31–33 **Comment, à ce propos ... La parure de noce!:** frz. ›Wieso bist Du jetzt, wenn die Stunde uns ruft, noch nicht bereit für die Kapelle? Zieh dich schnell aus! Ich zähle die Momente! Das Hochzeitskleid!‹.

183,16 f. **J'adore ... qui me déshonore ...:** frz. ›Ich liebe es, gedemütigt zu werden! Ich liebe es! Oh, ich bete Dich an, Du kleiner dummer Sklave, der mich entehrt ...‹.

184,9 **c'est du dernier ridicule:** frz. ›das ist äußerst lächerlich‹.

184,10 **sous ce nom de plume:** frz. ›unter diesem Pseudonym‹.

184,13 f. **pleins d'esprit … de vers passionnés:** frz. ›voller Geist, und Bände voll leidenschaftlicher Verse‹.

184,35 f. **C'est exquis … Armand, chéri:** frz. ›Es ist köstlich … es entzückt mich! Armand, Liebling‹.

185,31 **de me coucher avec un homme penseur:** frz. ›mit einem denkenden Mann schlafen‹.

186,20 **C'est un amour tragique, irraisonnable:** frz. ›Es ist eine tragische, unvernünftige Liebe‹.

186,25 **qui sont énormément intelligents:** frz. ›die überaus intelligent sind‹.

186,26 **Il me trompe:** frz. ›Er betrügt mich‹.

187,6 f. **La fleur … d'une éternelle ivresse:** frz. ›Die Blume deiner Jugend erfüllt mein altes Herz mit einem ewigen Rausch‹.

187,9 **bien aimé:** frz. ›Geliebter‹.

187,15 f. **Tu ne connais pas … si divin:** frz. ›Du kennst also weder den alexandrinischen Vers noch den Diebesgott, obwohl Du selbst so göttlich bist?‹.

187,15 f. **le vers alexandrin:** Der Alexandriner-Vers ist ein sechshebiger Jambus, der in der sechsten Silbe eine Zäsur (Sprechpause) hat. Er kommt ursprünglich aus der französischen Renaissance-Dichtung und war auch im Deutschland des 17. Jh.s sehr beliebt.

188,23–25 **Mais ça c'est supreme! … un rêve d'humiliation«:** frz. ›Aber das ist das Höchste! … Es ist eine wunderbare Demütigung, ziemlich aufregend, ein Traum von Demütigung!‹

190,32 f. **le temps … moment bénit:** frz. ›[Wenn –] die

Zeit dich zerstört hat, wird dieses Herz dich in deinem gesegneten Moment behalten‹.

190,34 f. **tu vivras … beaux romans:** frz. ›du wirst in meinen Versen und in meinen schönen Romanen leben‹.

193,2 **pekuniären:** finanziellen.

194,2 f. **Mais donnez do … à ce garçon:** frz. ›Aber gib dem Jungen etwas, gib ihm etwas, er ist nett‹.

194,5. **Non, c'est ridicule:** frz. ›Nein, das ist lächerlich‹.

194,5 f. **that's not enough, don't be so stingy:** frz. ›das ist nicht genug, sei nicht so geizig‹.

211,2 **Supérieur:** frz. ›Vorgesetzter‹.

211,3 **Commis de salle:** frz. ›Zimmerangestellter‹.

211,7 **Mais ouI, c'est toi:** frz. ›Aber ja, Du bist es‹.

211,16 **Parfaitement:** frz. ›Perfekt‹.

211,17 **Tout de suite:** frz. ›Sofort‹.

211,25 **toute la canaille friande:** frz. ›das ganze liebe Gesindel‹.

211,27 **et tu n'as pas l'air de l'ignorer:** frz. ›und du scheinst es nicht zu ignorieren‹.

211,31–33 **Joli petit charmeur … ma bénédiction:** frz. ›Hübscher kleiner Charmeur, nicht wahr? Du wirst weit kommen, mein Lieber, – beste Wünsche, mein Segen‹.

222,19 **Mais vous ne mangez rien:** frz. ›Aber Sie essen nichts‹.

222,20 **Le chef … ses plats:** frz. ›Der Koch wird es Ihnen übelnehmen, wenn Sie all seine Gerichte verachten‹.

226,14–26 **»Armand, I love you … your lips …«:** engl. ›»Armand, ich liebe Sie so verzweifelt und hilflos, ich weiß nicht, was ich machen soll, ich bin so tief, so vollkommen in Sie verliebt, dass ich ganz verloren bin, verloren, verloren … Sagen Sie, sagen Sie mir, ob Sie mich auch ein kleines bisschen lieben?« »Um Himmels willen. Miss Eleanor, seien Sie vorsichtig, es kommt vielleicht jemand herein … zum Beispiel Ihre Mutter. Wie um aller Welt bekommen Sie es hin, ihr zu entfliehen? Natürlich, ich liebe Sie, süße kleine Eleanor! Sie haben so bewegliche Schlüsselbeine, Sie sind so ein liebliches Kind, in jeder Beziehung … Aber jetzt löse Deine Arme von meinem Hals und halte Ausschau … das ist sehr gefährlich.« »Was soll ich mich um die Gefahr kümmern! Ich liebe Sie, ich liebe Sie, Armand, lassen Sie uns gemeinsam fliehen, lassen Sie uns gemeinsam sterben, aber zuerst küssen Sie mich … Ihre Lippen, Ihre Lippen, ich bin ganz ausgetrocknet und mich dürstet es nach Ihren Lippen …«‹.

227,33 f. **No kiss! … miserable and disdained!:** engl. ›Kein Kuss! Kein Kind! Ich Arme, Unglückliche! Arme kleine Eleanor, so armselig und verachtet!‹.

232,22–27 **»Et vous, Monsieur le Marquis?« … »Farceur!«:** frz. ›»Und Sie, Monsieur Marquis?« … »Mal so – mal so.« »Mal so – mal so.« »Komiker«‹.

233,15 f. **ma pauvre mère … mes pauvres parents:** frz. ›meine arme Mutter … meine armen Eltern‹.

235,31 **pure et simple:** frz. ›schlicht und einfach‹.

236,4 **Mais il est incomparable, ce gaillard!:** frz. ›Aber er ist unvergleichlich, dieser Kerl!‹.

240,16 f. **Armand ist nur ein nom de guerre oder d'affaires:** Armand ist nur ein Name für den Krieg oder Unternehmungen.

240,20 f. **Comment allez-vous?:** frz. ›Wie geht es Ihnen?‹.

245,6 **Soubrettenfach:** heiteres, komisches Rollenfach für Sopranistinnen in Operetten oder Opern.

245,10 **Couplets:** Satirische Gedichte in mehreren Strophen.

259,11 f. **vous êtes admirable:** frz. ›Sie sind bewundernswert‹.

261,23 **Bonne nuit, à tantôt:** frz. ›Gute Nacht, bis bald‹.

262,17 **Unbotmäßigkeit:** Verhalten, das dem von Höhergestellten georderten nicht entspricht.

263,7 f. **Nous persistons, n'est-ce pas?:** frz. ›Wir bleiben dabei, nicht wahr?‹

263,9 f. **C'est entendu:** frz. ›Einverstanden‹.

264,25 **Remontoir-Uhr:** Taschenuhr zum Aufziehen.

264,27 **Châtelaine:** verzierte Uhrkette an einem Frauengürtel.

274,5 **Paläontolog:** Paläntologe: Wissenschaftler, der sich mit Urzeitwesen beschäftigt.

275,24 f. **Paläozoologischen Institut:** paläozoologisches Institut: wissenschaftliches Institut für die Zoologie fossiler Lebewesen.

279,19 **Nonchalance:** Lässigkeit.

301,5 **Chaperonnage:** Begleitung.

308,13 **C'est le mot:** frz. ›Das ist es‹.

309,19–21 **A demain … de ma mère:** frz. ›Bis morgen … Dank der Gastfreundschaft meiner Mutter‹.

309,31 **Excusez ma bévue, je vous en prie!:** frz. ›Entschuldigen Sie bitte mein Fehlverhalten!‹.

333,12 **le primordial:** frz. ›urspünglich‹.

342,13 **Karyatiden:** weibliche Statuten, die eine Trägerfunktion an einem architektonischen Bauwerk haben.

343,23–25 **Ce nouveau traité de commerce … votre habilité bien connue:** frz. ›Dieser neue Handelsvertrag … Aber dank Ihrer bekannten Fähigkeiten wird er problemlos arrangiert.‹

343,30 **Courtoisie:** adlige Höflichkeit.

344,21–23 **Sire, énormément! … Votre Majesté:** frz. ›Enorm, mein Herr! Ich bin ganz hingerissen von der Schönheit Ihrer Hauptstadt, die es wirklich wert ist, die Residenz eines großen Herrschers wie Ihrer Majestät zu sein.‹

346,1 **Physiognomien:** Erscheinungsbilder.

346,22 **Cher ambassadeur:** frz. ›Lieber Botschafter‹.

347,30 **Qualis artifex-Ambitionen:** künstlerische Ambitionen, Ehrgeiz.

358,36 **degoutante:** frz. ›abstoßend, ekelerregend‹.

371,29 **Krudität:** Grobheit, Derbheit.

387,7 **gênant:** frz. ›peinlich‹.

388,34 **Picadores:** Stierkämpfe, bei denen der Stierkämpfer auf einem Pferd sitzt und den Stier mit einer Lanze stößt.

391,6 **Capeador:** Stierkämpfer, der mit dem Tuch wedelt.

391,9 **Idiosynkrasie:** starke Abneigung.

10. Prüfungsaufgaben mit Lösungshinweisen

Aufgabe 1

Charakterisieren Sie Felix Krull! Fügen Sie auch Zitate aus dem Roman ein.

Lösungshinweise

- Krull stammt aus »feinbürgerlichem, wenn auch liederlichem Hause« (S. 7).
- Er war ein schwacher Schüler, er bezeichnet sich als »sehr rückständig« (S. 27); die Oberrealschule bricht er ohne Abschluss ab.
- Er ist ein »Sonntagskind« (S. 13), dem alles in den Schoß fällt, auch sein Name ist Programm: Felix bedeutet übersetzt ›der Glückliche‹. Obendrein ist er ein Narzisst: So ist er mit 19 Jahren zu einem »gefälligsten Jüngling erblüht« (S. 69), der sich in allen Schönheiten seiner Umgebung spiegelt und nur sich selbst in ihnen sieht.
- Felix verlässt sich auf seine Glücksgaben: »Ja, der Glaube an mein Glück und daß ich ein Vorzugskind des Himmels sei, ist in meinem Innersten stets lebendig gewesen, und ich kann sagen, daß er im ganzen nicht Lügen gestraft worden ist.« (S. 13)
- Krull ist im Unterschied zu seinen geselligen Eltern ein Einzelgänger. Er hatte als Kind keine Spiel- und Schulkameraden, diese verachteten ihn als »Sohn eines Bankrottierers und Selbstmörders« (S. 68).

- Das Zentralmotiv des *Felix Krull* ist die brüchige Identität: Sie bleibt in der Schwebe des Konjunktivs und der Entfremdung vom Ich zum Ich. Deshalb liebt der Hochstapler Rollenspiele, Verkleidungen und Verwandlungen. Dieser ständige Identitätswechsel ist sein Erfolgsrezept, er möchte »alle Möglichkeiten der Welt« (S. 154) ausreizen. Auch deshalb gefällt es ihm, seinen Namen zu wechseln: Im Hotel wird er statt mit Felix mit Armand angesprochen und der Rollen- und Namenswechsel mit Marquis de Venosta bedeutet für ihn ein gesteigertes Daseinsgefühl.
- Krull ist ein Frauenheld, der sich flexibel an die unterschiedlichen Damen anpasst; er ist der gelehrige Sexschüler der Rouza und er unterwirft sich den masochistischen Rollenspielen der Madame Houpflé. Frauen sowie Männer verfallen seinem androgynen Charme.
- Felix ist ein Krimineller (Diebstahl, Urkundenfälschung, Namensbetrug, Hochstapelei). Die Musterungsszene ist ein betrügerischer Akt: Er täuscht dort, um sich vor dem Militärdienst zu drücken, einen epileptischen Anfall vor. Schuldgefühle sind Krull völlig fremd, die bürgerliche Moral schert ihn nicht.
- Felix hält sich auch für einen Künstler, dessen Leben eine Scheinwelt ist: Seine Hochstapelei und sein schauspielerisches Talent versteht er als Kunst.
- Krull legt höchsten Wert auf gesellschaftliche Rangordnungen, er vertritt ein aristokratisches Prinzip.

Aufgabe 2

Der folgende Text beschreibt die prüde Gesellschaft in der Nachkriegszeit. Vor diesem Hintergrund erscheinen manche Textsequenzen im *Felix Krull* als ausgesprochen kühn. Zitieren Sie fünf solcher Stellen aus dem Roman.

»In sittlicher Hinsicht herrschte weitherum moralische Rigorosität. Nach der Entfesselung im Krieg verfiel man nun der Prüderie. Der *Kinsey-Report*, die bekannte empirische Erhebung über die sexuellen Praktiken des Mannes, 1948 in den USA veröffentlicht, rief in Westdeutschland eine Flut publizistischer Kritik hervor, noch bevor eine deutsche Übersetzung erschienen war. Als Ursache erschien den meisten Kritikern ›das dauernde Bereden des Sexus‹, durch den ›echte Erotik vertrieben‹ werde. Auch in den sogenannten unterhaltenden Blättern wie *Stern*, *Quick* und *Neue Revue* verzichtete man auf Erotisches weitgehend; das Gewagteste waren nylonbestrumpfte Beine. Man muss den *Krull* vor diesen Hintergrund halten, um sein Maß an einschlägiger erzählerischer Kühnheit zu erkennen.«

Thomas Mann: Werke, Briefe, Tagebücher. [Große kommentierte Frankfurter Ausgabe.] Hrsg. von Heinrich Detering [u.a.]. Bd. 12: Bekenntnisse des Hochstaplers Felix Krull. Der Memoiren erster Teil. Bd. 2: Kommentar. Frankfurt a. M. 2012. S. 164.

Lösungshinweise

- »Solche Personen [Prostituierte], am Rande bemerkt, sollten nicht sprechen. Wortlos lächelnd, blickend und winkend sind sie bedeutend; aber sobald sie den Mund auftun, laufen sie große Gefahr, uns zu ernüchtern und ihres Nimbus verlustig zu gehen. [...] So nun kommt es, daß, wie bekannt, jene Mädchen außer den vielen Liebhabern, denen sie sich geschäftsweise widmen, meistens noch einen Herzensfreund und Hausgeliebten besitzen, welcher, derselben niedrigen Sphäre entstammend, auf ihren eigenen Glückstraum ebenso planmäßig sein Leben gründet, wie sie auf den aller anderen.« (S. 117 f.)
- »Die einzelne Dame, welche zuerst einstieg, erregte meine Aufmerksamkeit – und allerdings ist hier das Wort ›erregen‹ am Platze, denn ich betrachtete sie mit einem Herzklopfen, das nicht der Süßigkeit entbehrte.« (S. 159)
- »›Meine Zofe ist nicht zur Hand‹, sagte sie. ›Sie hat ihr Zimmer eine Treppe höher. Würden Sie Ihre Aufmerksamkeit vollenden, indem Sie mir aus diesem Kleidungsstück helfen?‹ ›Mit außerordentlichem Vergnügen‹, erwiderte ich und machte mich ans Werk. [...] ›Du entkleidest mich, kühner Knecht?‹ Eine unglaubliche Frau und sehr ausdrucksvoll! Verblüfft, aber gefaßt, ordnete ich meine Antwort wie folgt: ›Wollte Gott, Madame, meine Zeit erlaubte mir, den Dingen diese Deutung zu geben und in einer so reizenden Beschäftigung nach Belieben fortzufahren!‹ [...] – so

nahm sie auch meine Hand aus ihrer Stütze und führte sie in ihr Décolleté zu ihren Brüsten, die sehr handlich waren, führte sie da am Gelenk herum auf eine Weise, daß meine Männlichkeit, wie ihr nicht entgehen konnte, in den bedrängendsten Aufstand geriet. Von dieser Wahrnehmung gerührt, gurrte sie weich, mit einer Mischung aus Mitleid und Freude: ›Oh, holde Jugend, viel schöner als dieser Leib, dem es vergönnt ist, sie zu entflammen!‹« (S. 178, 182)

- »Sie war ein blondes Ding, hübsch nach Art eines Zickleins, mit den rührendsten Schlüsselbeinen von der Welt, wenn abends ihr seidenes Kleidchen ein wenig ausgeschnitten war. Da ich von je eine Schwäche für den angelsächsischen Typ gehegt habe und sie diesen sehr ausgeprägt darstellte, so sah ich sie gern«. (S. 215)
- »›Wir müssen nur einfach fliehen – fliehen wir diese Nacht mit dem Expreß, zum Beispiel nach Spanien, nach Marokko, ich bin ja gekommen, Ihnen dies vorzuschlagen. Da wollen wir uns verstecken, und ich will Ihnen ein Kind schenken, das wird die vollendete Tatsache sein, und Daddy wird sich dareinfinden, wenn wir uns ihm mit dem Kinde zu Füßen werfen, und wird uns sein Geld geben, daß wir reich und glücklich sind … your lips!‹ Und das wilde Kind tat wahrhaftig, als wollte sie gleich hier auf der Stelle ein Kind von mir empfangen.« (S. 227)

Aufgabe 3

Vergleichen Sie Krulls Bericht über seinen Vater (S. 8–11) mit dem von Dr. Leopold von Dorn (S. 6 f.). Welche Unterschiede und welche Gemeinsamkeiten gibt es?

Auszug aus Hans Peter Dorn: *War ich wirklich ein Hochstapler?* (1958):

»Gewiß entstammte ich nicht jenen Bereichen der sozialen Unterklasse, die von vornherein zur Daseinsmisere verdammt ist, denn war auch mein Heimatort am Nordufer des Bodensees gewiß keine Stadt von Weltruf, so war immerhin mein Vater auf viele Jahre der Bürgermeister dieses Gemeinwesens und, trotz gewisser übersteigerter Neigungen zum Wohlleben und zu kulinarischer Üppigkeit, weithin angesehen. Auch bildete unsere Villa oberhalb des Städtchens, uns als Dienstwohnung von seiner Gemeinde zur Verfügung gestellt, den Mittelpunkt gehobener Geselligkeit, – bis allerdings jener sonnige Herbstnachmittag, an welchem mein Vater von seinem Schreibtisch im Bürgermeisteramt weg verhaftet und ins Untersuchungsgefängnis verbracht wurde, der Illusion gesicherten Wohlstandes ein böses Ende setzte. Was da nämlich mit einem Schlage in sich zusammenbrach, war nicht nur die Solidarität unserer Lebensbasis, viel mehr noch die Reputation unserer gesellschaftlichen Stellung. Die Gründe für das heute noch ungeklärte, so plötzliche Hinscheiden meines Vaters waren nämlich in Bezirken zu suchen, in welche die Gesetzesparagraphen das Kriminelle und Verdammenswürdige verweisen. Trug doch mein Vater nicht nur, vor Jahren aus dem heimatlichen Schlesien, und zwar aus Breslau, in den Westen des neu etablierten Reiches übergesiedelt, als Dr. Leopold von Dorn seinen akademischen Titel zu Unrecht, wie einer jener tückischen Zufälle nach so vielen Jahren plötzlich ans Tageslicht brachte, sondern ebenso wie sein Promotionsdiplom gefälscht war, war es auch das Testat seines Staatsexamens und nicht zuletzt sein Adelsprädikat.

Aus dem Untersuchungsgefängnis wegen eines schweren Herzanfalls nach Hause überführt, da ja ein Fluchtverdacht nicht vorlag, verschied der Ärmste kaum eine Stunde später auf dem Sofa seines Schreibkabinetts, zeit seines Lebens ein Träumer, der sich im Glanze seines Adelsprädikats gesonnt hatte. [...] Als habe nun das Schicksal nur auf sein Ableben gewartet, förderten die nächsten Wochen eine solche Fülle an belastendem Material zutage, daß die hämisch empörte Umwelt allen Anlaß nahm, uns mit Schimpf und Schande zu belegen. Meine Mutter, aus unserer Bürgermeister-Villa kurzfristig verwiesen, starb kurze Zeit später, nachdem sie bei unserem Hausfreunde

Kannengießer Aufnahme gefunden, an der Last der Widerwärtigkeiten, die sie gleichsam über die Nacht aus einer Dame der Gesellschaft zu einer Almosenempfängerin werden ließ, während meine Schwester Eurydike, die schon als frühreifes Geschöpf eine geradezu krankhafte Männergier zu erkennen gab, nach kurzer Ehe ihrem Gatten, einem braven Konstanzer Kommunalbeamten, der vordem in Vaters Diensten gestanden und eines Tages Eurydikes halb unfreiwilliges Opfer wurde, einfach davonlief, um irgendwo in der weiten Welt unterzutauchen …«.

Hans Peter Dorn: War ich wirklich ein Hochstapler? Roman. Berlin-Grunewald 1958. S. 9 f. –

Lösungshinweise

Krull und Dorn beschreiben ihre Väter jeweils als Lebemänner. Krull nennt seinen Vater »dick und fett« (Krull, S. 7) mit einem Hang zur Bequemlichkeit. Dorns Vater besitze eine übersteigerte Neigung »zum Wohlleben und zu kulinarischer Üppigkeit« (Dorn, Z. 7 f.). Beide bedauern ihre Väter: »Mein armer Vater« (Krull, S. 9) oder »der Ärmste« (Dorn, Z. 37 f.). Krull und Dorn wachsen in repräsentativen Kleinstadt-Villen in jeweils bester Lage auf. Krull im »Rheingau« (Krull, S. 8) und Dorn am »Nordufer des Bodensees« (Dorn, Z. 4). Beide verdanken den wohlhabenden Lebensstil, in den sie hineingeboren werden, ihren Vätern. Krulls Vater »war Inhaber der Firma Engelbert Krull, welche die untergegangene Sektmarke ›Lorley extra cuvée‹ erzeugte« (Krull, S. 9). Dorns Vater war »auf viele Jahre der Bürgermeister« (Dorn, Z. 6 f.) des Städtchens, in dem Dorn aufwuchs. Krull macht jedoch Andeutungen, dass dieser Lebensstil nicht von Dauer ist, da der Wein, den sein Vater verkauft, von minderwertiger Qualität ist: »Ihre Person in Ehren, aber Ihren Champagner sollte die Polizei verbieten. Vor acht Tagen habe ich mich verleiten lassen, eine halbe Flasche davon zu trinken, und noch heute hat meine Natur sich nicht von diesem Angriff erholt. [...] Kurzum, das ist Giftmischerei. Fürchten Sie die Gesetze!« (Krull, S. 10). Obwohl Krulls Vater wegen des schlechten Weins nicht verhaftet werden kann, geht die Sektmarke »Lorley extra cuvée«, laut Krull, irgendwann unter (Krull, S. 9). Dorns Vater hingegen wird verhaftet, weil er über Jahre nicht nur »seinen akademischen Titel zu Unrecht« trug, »sondern ebenso wie sein Promotionsdiplom gefälscht war, war es auch das Testat seines Staatsexamens und nicht zuletzt sein Adelsprädikat« (Dorn, Z. 31–34). Krull und Dorn deuten zudem an, dass ihre Väter mehr oder weniger überzeugende Blender waren. Krulls Vater habe dem Publikum gegeben, »woran es glaubt« (S. 10). Dorns Vater habe den Wohlstand der Familie durch seine »Illusion« (Dorn, Z. 16) gesichert. Krull sowie Dorn haben jeweils eine Schwester, beide sind nach griechischen Mythenfiguren benannt: »Olympia« (Krull, S. 7) und »Eurydike« (Dorn, Z. 53).

Aufgabe 4

Auf Instagram stellen gewöhnliche Nutzer und Influencer zuweilen enorme Mengen Fotos von sich und ihrer Alltagswelt ein. Stellen sie eine Beziehung zwischen diesen Nutzern und Felix Krull her.

Lösungshinweise

- Sogenannte Influencer sind Schauspieler, die – wie Felix – eine Rolle in ihrer medialen Scheinwelt spielen.
- Auch gewöhnliche Instagram-Nutzer posten meistens nur die Fotos, von denen sie sich ›Likes‹ und ›Follower‹ erhoffen. Sie bauen Kulissen auf, studieren Posen ein und knipsen, bis das vermeintlich perfekte Foto sitzt. Krull baut als Hochstapler auch solche Schein-Kulissen auf, etwa bei der Audienz beim portugiesischen König.
- Clicks und Likes sind die digitale Währung für soziale Anerkennung geworden. *Liebe die Welt und sie wird dich lieben.* Dieses Motto nimmt sich der junge Felix Krull zu Herzen. Er will von der Welt geliebt werden und versucht daher, allen Mitmenschen zu gefallen. Das bekommen allerdings nur wenige seiner Zeitgenossen mit. Im Internetzeitalter dagegen kann man weltweit selbst die peinlichste Biografie einem Milliarden-Publikum mehr oder weniger schmackhaft machen.
- Dale Carnegie hebt in seinem Buch *Wie man Freunde gewinnt. Die Kunst, beliebt und einflussreich zu werden* (1937) ein wichtiges anthropologisches Gesetz hervor: »*Bestärke den andern immer in seinem Selbstgefühl.* Ich

habe John Dewey schon früher zitiert, der sagte, daß die menschliche Natur nichts so sehr verlangt wie das Gefühl, bedeutend zu sein«[23]. Für diese Bestärkung gibt es unterschiedliche Medien: Krull schreibt seine Memoiren, die einem kleinen Leserkreis vorbehalten sind, ein Instagram-Nutzer bedient dagegen die Welt.

– Auch Influencer sind zuweilen oberflächlich und selbstgefällig. Ihre Profile kreisen meistens um die perfekte Inszenierung der eigenen Person. Sie leben das Traumleben ihrer Follower, zum Schein. Daher dienen die Produkte, die sie bewerben, oft der Selbstoptimierung. Auch Krull will etwas verkaufen: sich selbst. Das gelingt ihm durch seine charmante und redegewandte Art. Er wickelt alle um den Finger und sein Spiel mit der Gesellschaft geht immer weiter. Er inszeniert sich bis zur Perfektion. Lügen und Kriminalität gehören für ihn dazu: Er fälscht Unterschriften, klaut, betrügt die Frauen, täuscht Krankheiten vor usw. Er weiß sich aus jeder pikanten Lage zu befreien und setzt dabei auf Makellosigkeit, so wie die modernen Influencer.

23 Dale Carnegie, *Wie man Freunde gewinnt. Die Kunst, beliebt und einflussreich zu werden*, Frankfurt a. M. 2011, S. 134.

11. Literaturhinweise/Medienempfehlungen

Textausgaben

Thomas Mann: *Bekenntnisse des Hochstaplers Felix Krull. Der Memoiren erster Teil.* Frankfurt a. M.: Fischer Taschenbuch Verlag, [52]2014. – *Nach dieser Ausgabe wird im vorliegenden* Lektüreschlüssel zitiert.

Zur Biografie des Autors

Kurzke, Hermann: Thomas Mann. Das Leben als Kunstwerk. Eine Biographie. München 2001.

Schröter, Klaus: Thomas Mann. Reinbek bei Hamburg 2005.

Zum Werk und Kontext

Anton, Herbert: »Hermeneutisches Doppelgängertum« in den *Bekenntnissen des Hochstaplers Felix Krull.* In: Interpretationen. Thomas Mann: Romane und Erzählungen. Hrsg. von Volkmar Hansen. Stuttgart 2011. (Reclams Universal-Bibliothek. 8810.) S. 325–348.

Appel, Sabine: Naivität und Lebenskunst. Die Idee der Synthese von Leben und Geist in Thomas Manns Hochstapler-Memoiren. Frankfurt a. M. [u. a.] 1995.

Baumgart, Reinhard: Das Ironische und die Ironie in den Werken Thomas Manns. Frankfurt a. M. / Berlin / Wien 1974.

Frizen, Werner: Thomas Mann, Bekenntnisse des Hochstaplers Felix Krull. Interpretation. München 1988.

Herwig, Malte: »Nur in der Jugend gestielt«. Die langen Wurzeln des *Felix Krull*. In: Thomas Mann Jahrbuch 18 (2005). S. 141–158.

Koopmann, Helmut: *Bekenntnisse des Hochstaplers Felix Krull*. In: Thomas-Mann-Handbuch. Hrsg. von H. K. Stuttgart [3]2001. S. 516–533.

Neumann, Michael: Der Reiz des Verwechselbaren. Von der Attraktivität des Hochstaplers im späten 19. Jahrhundert. In: Thomas Mann Jahrbuch 18 (2005). S. 71–90.

Seifert, Walter: Die pikarische Tradition im deutschen Roman der Gegenwart. In: Die deutsche Literatur der Gegenwart. Aspekte und Tendenzen. Hrsg. von Manfred Durzak. Stuttgart 1971. S. 192–210.

Wysling, Hans: Wer ist Professor Kuckuck? Zu einem der letzten »großen Gespräche« Thomas Manns. In: H. W.: Thomas Mann heute. 7 Vorträge. Bern/München 1976. S. 44–63.

Wysling, Hans: Narzissmus und illusionäre Existenzform. Zu den *Bekenntnissen des Hochstaplers Felix Krull*. Bern/München 1982.

Verfilmungen

Bekenntnisse des Hochstaplers Felix Krull. Komödie. Deutschland 1957. Regie: Kurt Hoffmann.

Bekenntnisse des Hochstaplers Felix Krull. Fernsehfilm in fünf Teilen. ZDF 1982. Regie: Bernhard Sinkel.

Bekenntnisse des Hochstaplers Felix Krull. Deutschland 2021. Regie: Detlev Buck.

12. Zentrale Begriffe und Definitionen

Auktorialer Erzähler: allwissender Erzähler: Der Erzähler überschaut souverän von seiner olympischen Position das gesamte Geschehen in einem Roman. Gegenüber dem Leser und den Romanfiguren hat er einen Wissensvorsprung. Solch ein traditioneller Erzähler kommt in *Felix Krull* nicht zu Wort, vielmehr trägt dort Krull als Ich-Erzähler seine individuelle Lebensgeschichte vor, die alles andere als objektiv ist.

➤ S. 47

Bildungsroman: Bei dieser Gattung handelt es sich um einen Entwicklungsroman, der im 18. Jahrhundert im Kontext der Aufklärung seine Geburtsstunde hatte. Im Zentrum des Romans steht ein junger Mann, dessen Reifungsprozess im Verlauf der Jahre dargestellt wird. Der Protagonist soll all seine Talente und Anlagen zur vollen Entfaltung bringen, so dass sie im Einklang mit der Gesellschaft stehen.

Christoph Martin Wielands *Geschichte des Agathon* (1766/67) gilt als der erste Bildungsroman; Goethes *Wilhelm Meisters Lehrjahre* (1795/96) ist der wohl berühmteste seiner Gattung.

Der Hochstapler Krull in Thomas Manns Roman bildet sich allerdings nicht: Er lernt unzweifelhaft, schnell und viel, aber er versteht nichts – ähnlich wie schon Hans Castorp im Roman *Der Zauberberg* (1924), nur konsequenter. Krull plappert das Gehörte nach; er eignet sich die Welt so an, wie er es in Bezug auf Fremdsprachen formuliert, nämlich durch die identitätsverlierende »übertrieben echte[] Nachahmung des jeweiligen nationalen

Sprachgebarens« (S. 154). *Felix Krull* parodiert den Bildungsroman, der in seiner deutschen und ernsten Tradition (bei Goethe, Mörike, Keller, Stifter) die eigenaktive Entwicklung eines jungen Menschen zur sittlichen Bewältigung der Lebensaufgaben erzählt – so, wie es Thomas Mann selbst in einer Einführung in seinen Roman formuliert: »Es gibt [...] eine Spielart des Romans, die [...] deutsch, typisch-deutsch, legitim-national ist, und dies ist eben der autobiographisch erfüllte Bildungs- und Entwicklungsroman. [...] Der deutsche Bildungsroman, parodiert und der Schadenfreude des Fortschritts ausgesetzt als Autobiographie eines Hochstaplers und Hoteldiebes –, das wäre dann also der melancholisch-politische Zusammenhang, in den ich dieses Buch zu stellen hätte.«[24]

➤ S. 54, 58, 65

Euphemismus: von griech. *euphemein* ›Worte mit guter Bedeutung aussprechen‹. Ein unangenehmer Sachverhalt wird durch einen beschönigenden Begriff umschrieben. Beispiel: Die Aussage »Wir haben unser Geschäft verschlankt« bedeutet, dass ein Teil der Beschäftigten entlassen wurde. Euphemismen kommen im *Felix Krull* öfters vor. Beispielsweise ist der Ausdruck »natürliche[] Bildung« (S. 68) ein Euphemismus, der Krulls Unbildung verschleiern soll.

➤ S. 50 f., 64

Fiktive Autobiografie: erfundene Biografie eines Ich-Erzählers. Dabei handelt es sich um eine beliebte Gattung der Literaturgeschichte, in deren Tradition sich Thomas

24 Mann (s. Anm. 10), S. 46 f.

Mann bereits kurz vor dem Erscheinen von *Felix Krull* durch seinen *Doktor Faustus*-Roman (1947) gestellt hatte. In diese Tradition gehört auch Joseph von Eichendorffs (1788–1857) Novelle *Aus dem Leben eines Taugenichts* (1826), an die Thomas Mann bei der Niederschrift des *Felix Krull* dachte. Als Bezugspunkt zu nennen ist auch E. T. A. Hoffmanns (1776–1822) Roman *Lebens-Ansichten des Katers Murr nebst fragmentarischer Biographie des Kapellmeisters Johannes Kreisler in zufälligen Makulaturblättern* (1819/1821), in dem ein Kater die Biografie des Musikers Kreisler erzählt. Hoffmanns Roman nimmt den süffisanten, ein wenig falsch-pathetischen und euphemistischen Erzählton des *Felix Krull* vorweg und teilt mit ihm viele Motive, etwa jenes der Müdigkeit des Helden, dann aber auch das Zentralmotiv der brüchigen Identität.

➤ S. 58

Ich-Erzähler: Der Erzähler, also Felix Krull, spricht in der 1. Person Singular. Er berichtet aus seiner subjektiven Sicht, beginnend bei seiner Geburt, über sein gesamtes Leben. Die traditionelle erzählerische Ironie des ➤ auktorialen Erzählers wandelt sich im *Felix Krull* zu einem Mittel der Ungewissheit und Täuschung aus betrügerischer Absicht. Alles muss wahr *erscheinen*, so, dass der Leser es für wahr hält – und zugleich weiß der Leser, wie sehr der Erzähler dazu neigt, absichtsvoll zu täuschen.

➤ S. 42, 47 f., 61

Intertextualität: Julia Kristeva prägte in ihrem Aufsatz *Bachtin, das Wort, der Dialog und der Roman* (1967) den Terminus ›Intertextualität‹. Mit diesem Begriff geht sie von einem breit gefächerten Textverständnis aus. Entscheidend ist der Bezug von Texten auf andere Texte. Ein Text ist für sie kein autonomes Konstrukt, vielmehr besteht er zuweilen aus einem Bündel von Zitaten. Das trifft auch auf den Roman *Felix Krull* zu, der sich auf andere Dichtungen oder wissenschaftliche Texte bezieht, sie verändert oder modernisiert. Mann bezieht sich z. B. auf Goethes Romanfragment *Wilhelm Meisters theatralische Sendung* (entstanden 1777 bis 1785) und dessen Lied *Vanitas! Vanitatum Vanitas!* (1806)

➤ S. 45

Leitmotiv: Motive, die öfters in einem literarischen Text wiederholt werden, etwa in Form von Redewendungen, Metaphern, Wörtern, Sätzen oder Gegenständen (Dingsymbole). Thomas Mann hat die berühmte Leitmotivtechnik von der Musiksprache Richard Wagners übernommen. Personen werden hiernach stets von gleichen Merkmalsnennungen begleitet, es erfolgen Rückgriffe auf analoge Formulierungen (»mein Pate Schimmelpreester«) oder gleiche Zitate werden immer wieder neu gewendet und ausgedeutet, so z. B. das Lied »Freut euch des Lebens«, S. 11, 31, 277). Inhaltlich bedeutend sind im *Felix Krull* die Leitmotive Schlaf und Müdigkeit (S. 7, 12 u. ö.), Kostüm und Verkleidung (S. 25 f., 74, 158, 193, 238 u. ö.) und das Begriffsfeld »Mischung« (S. 25), das Weder-Noch (Mann-Frau, Tier-Engel, S. 200 f.), die »Doppelwesen« (S. 86), die Namen Zaza, Zouzou oder Loulou oder Mutter-Tochter-Motive. Inhaltlich bedeutsam ist das Motiv des Theaters. Theatersequenzen durchziehen den gesamten Text, wobei sich drei Kapitel intensiv mit dem Theatralischen beschäftigen: Besuch der Operette (Kap. 1,5), des Zirkus

(Kap. III,1) und des Stierkampfes (Kap. III,11). Auch Krulls Dienstleistungen vor dem Theater (Kap. II,4) sind diesem Motiv hinzuzuzählen.

➤ S. 44 f.

Memoiren: frz. *mémoire* ›schriftliche Darlegung‹. Der Ich-Erzähler (Felix Krull) stellt seine Biografie auf subjektive Art und Weise vor. Während es im autobiografischen Erzählen darum geht, das »Bild eines Menschen [,] genau nach der Natur und in seiner ganzen Wahrheit« darzustellen, wie Jean-Jacques Rousseau es im Vorwort zu seinen *Bekenntnissen* schreibt, zeigt die Erzählhaltung des Hochstaplers/Memoirenschreibers das Gegenteil, indem alles vage und aufgehübscht dargestellt wird. Allerdings parodiert Thomas Mann mit seinem Roman die Memoirenliteratur, der somit dem ➤Schelmenroman nahesteht.

➤ S. 7, 26 f., 42, 80, 118

Schelmenroman: eine bereits während des Barock (1600–1720) wichtige Romanform. Im Zentrum steht ein Schelm, der von niederem Stand und arm ist. Er kämpft sich aber klug durchs Leben, dabei schreckt er vor keinem Betrug zurück. Der bedeutendste Schelmenroman des Barock ist Grimmelshausens *Der Abentheuerliche Simplicissimus Teutsch* (1668). Erste Beispiele für die Gattung des Schelmenromans gab es allerdings schon in der Antike, etwa Petronius' *Satyricon* (1. Jh. n. Chr.) und Apuleius' *Der goldene Esel* (um 170 n. Chr.).

➤ S. 53, 57

Vorausdeutung (Antizipation): Eine Erzähltechnik, die später folgende Ereignisse vorher erwähnt, zuweilen auf verschlüsselte Weise. Der Roman *Felix Krull* beginnt mit einer Vorausdeutung, die den Leser auf die späteren Geständnisse des Protagonisten vorbereitet: »Indem ich die Feder ergreife, um in völliger Muße und Zurückgezogenheit [...] meine Geständnisse in der sauberen und gefälligen Handschrift, die mir eigen ist, dem geduldigen Papier anzuvertrauen, beschleicht mich das flüchtige Bedenken, ob ich diesem geistigen Unternehmen nach Vorbildung und Schule denn auch gewachsen bin.« (S. 7)

➤ S. 63 f.